Zu Gast in Japan

Tradition, Kultur, Kochkunst

Kim Fukei

Zu Gast in Japan

Tradition, Kultur, Kochkunst

Mit Tuschmalereien von Yoshiji Fukei

Weingarten

Alle Rezepte in diesem Buch sind, wenn nicht anders angegeben, für vier Personen berechnet. Die Bezeichnungen der Rezepte sind, wenn möglich, in Japanisch und Deutsch wiedergegeben.

Besonderer Dank gilt Frau Renate v. Wuntsch für ihre künstlerische Unterstützung bei den Schritt-für-Schritt Zeichnungen.

Die Deutsche Bibliothek - CIP Einheitsaufnahme
Ein Titeldatensatz für diese Publikation ist bei
Der Deutschen Bibliothek erhältlich

Satz: Riedmayer GmbH, Weingarten
Reproduktionen: Bright-Arts, Hong Kong for Imago Publishing Limited
Gesamtherstellung: Druck- und Verlagshaus Erfurt seit 1848, GmbH, Erfurt
Printed in Germany
ISBN 3-8170-0042-1

Inhalt

ひさかたの
光のどけき
春の日に

Vorwort

Wer sich mit Japan befasst, und dazu gehört auch die Kochkunst, vergisst am besten alle Vorurteile und nähert sich diesem Land und seiner Kultur mit unvoreingenommenen Sinnen.

Zuvielen Klischees begegnet man in den westlichen Medien. Entweder ist die Rede von „Japan AG" mit emsigen Angestellten in blauen Anzügen oder von Touristengruppen, die auf Fotojagd durch Europa stürmen. Oder aber Japan wird als esoterisches Land des Zen und der Kirschblüte dargestellt.

In Wahrheit ist Japan dies alles und zugleich gar nichts davon. Selbst in Japan gibt es den gemeinen Alltag; Mütter, die allmorgendlich ihre schlaftrunkenen Sprösslinge aus den Federn zerren, mürrische Morgenmuffel abfertigen, und Ehemänner, die sich in den hektischen Berufsverkehr der Großstädte zwängen.

Zurück bleiben die Ehefrauen und Mütter, die „den Laden schmeißen", waschen, putzen, kochen, Kindererziehung und Haushaltsbudget übernehmen, und nebenbei oft noch einen kleinen Halbtagsjob annehmen, um die Familienkasse aufzubessern oder selbst Vollzeit arbeiten. Sorge um die Ausbildung der Kinder sowie die eigene Altersabsicherung sind diesem Alltag nicht fremd.

Genausogut werden freudige Anlässe ausgiebig gefeiert. Es gibt zahlreiche Feste und Feiertage, an denen viel Frohsinn herrscht.

Japan ist ein modernes, hochindustrialisiertes Land, was sich seiner reichenTradition bewusst ist. Alt und neu existieren Seite an Seite, und Japaner scheinen damit keine Probleme zu haben. Als zweitgrößte Wirtschaftsmacht der Welt hat sich Japan mit Automobilen, Elektronik und Fotoapparaten einen Namen geschaffen und ein hohes Maß an Selbstbewusstsein erlangt.

Zunehmend behauptet sich Japan auch in der Unterhaltungsindustrie. Karaoke ist ein „Globalknüller", und japanische Computerspiele und Zeichentrickfilme sind weltweit Renner der Branche.

Eine Prise Geschichte, ein Schuss Geographie

Die japanische Inselkette erstreckt sich von Hokkaido im Norden über Honshu und Shikoku bis hin zu Kyushu und Okinawa im Süden. Hokkaido, Honshu, Shikoku und Kyushu bilden die Hauptinseln, zu denen sich unzählige kleinere, zum Teil unbesiedelte Inseln gesellen. Sapporo ist die größte Stadt Hokkaidos. Honshu beherbergt bekannte Städte wie Tokio, Kyoto, Osaka und Hiroshima. Nagasaki liegt auf Kyushu. Heutzutage sind die vier Hauptinseln durch Brücken verbunden. Bis auf die fast subtropischen, südlichsten Inselteile kennt man vier Jahreszeiten. Hinzu kommt noch die Regenzeit, von der nur Hokkaido verschont bleibt. Im Norden Japans sowie im Nordosten fällt im Winter viel Schnee, der den Präfekturen (Provinzen) Ishikawa, Niigata und Nagano, um nur einige zu nennen, den Namen *yukiguni* (Land des Schnees) eingebracht hat. Flächenmäßig ist Japan größer als die vereinte Bundesrepublik, doch sind 75% der Gesamtlandfläche des Landes gebirgig und für landwirtschaftliche Nutzung ungeeignet. Mit einer Bevölkerung von ca. 110 Millionen Menschen sind die bewohnbaren Gebiete entsprechend dicht besiedelt. Archäologische Funde und diverse kulturelle wie auch architektonische Eigenheiten deuten darauf hin, dass Stämme vom Festland Asiens, aber auch aus Polynesien die japanischen Inseln besiedelten. Funde lassen vermuten, dass die Einwohner Japans während der Frühzeit nomadisierende Sammler, Jäger und Fischer waren.

Bedingt durch den kulturellen Einfluss Chinas wurde während der Yayoi-Zeit (ca. 300 vor bis 300 n. Chr.) der Reisanbau vom Festland eingeführt. Damit veränderten sich nicht nur die Essgewohnheiten, sondern auch die soziale Organisation der japanischen Gesellschaft wandelte sich. Mit der Einführung des sehr arbeitsintensiven Reisanbaus siedelten sich die Einwohner in den Niederungen an und begannen dauerhafte landwirtschaftliche Gemeinden zu formen, die sich im Laufe der Zeit auch in verschiedene soziale Klassen gliederten. Reis wurde zur Basis der Wirtschaft. Viel später wurden Abgaben an den Landherren in Reis geliefert, und der Reichtum des Adels wurde in Reis gemessen. Heutzutage gibt es noch Feste wie Kanazawas *hyakumankoku matsuri,* dessen Name den Reichtum des Landherrn bejubelt (eine Million *koku*). Das festverknüpfte Geflecht von Familie und Dorf, welches sich durch den Reisanbau entwickelte, blieb im Großen und Ganzen bis in die heutige Zeit erhalten. Bis Mitte des neunten Jahrhunderts diente China als Vorbild. China galt als entwickelte Kultur, materiell und technologisch. Trotz alledem waren Japaner selektiv, das kulturell Übernommene wurde mit einheimischen Sitten vermengt und japanisiert.

Die Einführung des Buddhismus und Konfuzianismus im sechsten Jahrhundert unter Prinz Shotoku, prägte die nächste wichtige Phase des chinesischen Einflusses auf die gesellschaftliche Struktur Japans. In diesem Zeitalter der Reform (oder Taika-Zeit 552-710) wurde versucht, Japan nach chinesischem Vorbild zu zentralisieren und die Macht der Regionalherren zu mindern. Ansatzweise wurde versucht, eine Bürokratie und gleichzeitig eine Landreform nach konfuzianistischem Vorbild einzuführen. Politische Macht und Verwaltung sollte von einer überregionalen Zentralregierung ausgehen. Der neu etablierte Buddhismus bewahrte trotz Ressentiments seine Rolle, und Kaiser Temmu erklärte den Buddhismus offiziell zum Beschützer des Landes und der kaiserlichen Familie. Während des späten Taika-Zeitalters regte der Buddhismus die Künste und den Tempelbau an. Der älteste Tempel allerdings, der Horyuji Tempel, entstammt der frühen Taika-Zeit und ist gleichzeitig das älteste Holzgebäude der Welt. Mit dem Zeitalter der Reform begannen Japaner ihr Land als Land der aufgehenden Sonne zu bezeichnen, als *Nippon* (bzw. *Nihon*). Auf chinesisch wurde Nippon als *Jiben* ausgesprochen und entwickelte sich auf dem Wege nach Westen zu Japan. Zum Ausklang dieses Zeitalters wurde eine neue Hauptstadt geschaffen, der Hof zog um nach Nara und leitete somit die Nara Zeit (710-794) ein.

Nara, das japanische Abbild der alten, symmetrisch angelegten chinesischen Stadt Chang An, war die erste mit Schutzmauern versehene japanische Stadt. Die Nara-Zeit zeichnet sich durch extreme Offenheit dem Ausland gegenüber aus. Es bestand ein reger Austausch mit dem Festland. Die Seidenstraße ermöglichte, dass exotische Objekte aus fernen Ländern bis nach Japan kamen. Chinesisch wurde die Schriftsprache der männlichen Hofgelehrten, und die chinesischen Schriftzeichen wurden übernommen. Japan kannte bislang kein eigenes Schriftsystem. Das *kojiki,* und das *nihon shoki,* zwei Werke zur Mythologie und Geschichte Japans wurden erstellt. Während das *nihon shoki* in chinesisch aufgezeichnet war, bediente sich das *kojiki* der chinesischen Schriftzeichen um die Phonologie des Japanischen auszudrücken, ein verwirrendes Konzept. Erst im darauffolgenden Zeitalter entwickelte sich langsam eine Lautschrift, die das Wesen der japanischen Sprache zum Ausdruck bringen konnte. In der Nara-Zeit waren die Gelehrten meist Koreaner und Chinesen. Sie unterwiesen den Hofadel in Chinesisch und anderen Künsten des Festlandes. (Nebenbei bemerkt, fließt in den Adern der japanischen Kaiserfamilie koreanisches Blut, ein Thema allerdings, was absolut tabu ist). Der Buddhismus erfreute sich durchgehender Förderung; Kaiser Shomu bekannte sich zu den drei Gesetzen des Buddhismus und distanzierte sich somit vom Shinto. Während seiner Herrschaft wurde neben anderen zahlreichen Bauten, der Todaiji Tempel, die größte Holzkonstruktion der Welt errichtet. Sie beherbergt den 752 gegossenen Daibutsu, den ca. 17 m hohen Großen Buddha. Der Buddhismus, bislang hauptsächlich den Adelskreisen vorbehalten, breitete sich langsam unter dem Volk aus. Kulinarisch gesehen, verbot die buddhistische Lehre eigentlich den Genuss von Fleisch. Möglicherweise trug die begrenzte Landfläche auch ohnehin dazu bei, dass sich die Viehzucht nie entwickelte wie auf dem Festland.

In der darauffolgenden Heian-Zeit (794-1185) siedelte sich der Hof in der neu erbauten Stadt Heian, dem modernen Kyoto, an. Ein Grund für den Umzug war vermutlich, dem anwachsenden politischen Einfluss des Buddhismus Einhalt zu gebieten. Offenbar hatte die Tochter des Kaisers Shomu (als Kaiserin unter verschiedenen Namen bekannt) eine Affäre mit einem buddhistischen Mönch, und dieser soll es letztlich selbst auf den Thron abgesehen haben. Diese Herausforderung an die kaiserliche Familie, die ihr sakrosanktes Anrecht auf die Thronfolge gefährdet sah, hatte zur Folge, dass seitdem einzig die männlichen Erben des Kaisers die Thronfolge antreten dürfen. Der japanische Kaiser (Tenno), der seine Abstammung auf die mythologische Sonnengöttin Amaterasu zurückführt, verkörpert den obersten Hüter des Shinto und wurde bis zum Ende des Zweiten Weltkrieges als lebender Gott *(ara-hito-gami)* verehrt. Der Shinto ist eine Art Naturglaube. Ganz grob verallgemeinert fallen dem Shinto die positiven Ereignisse des Lebens wie Geburt und Hochzeit in den Schoß. Wenn man die Götter um Rat oder Beistand fragt, geschieht dies zumeist am Shintoschrein. Der berühmte Ise-Schrein in Ise ist der älteste Shintoschrein und der Sonnengöttin gewidmet. Gleichzeitig ist er architektonisches Erbe der vorbuddhistischen Zeit. Der Buddhismus andererseits prägt Ereignisse, die mit dem Tod oder Jenseits zu tun haben. Teile der Shintogeistlichkeit lehnten den Buddhismus als Rivalen ab. Im Laufe der Zeit verflocht sich ihre gegenseitige Beziehung. Obwohl Shinto und Buddhismus einst um die Gunst des Kaiserhauses konkurierten, ergänzen sie sich und bestehen bis heute nebeneinander.

Neben politischen Erwägungen lag Kyoto verkehrsgünstiger als Nara, und von dort aus war es leichter, die bislang noch unbezwungene, fruchtbare Kanto Ebene in Ostjapan zu unterwerfen. Außenpolitisch brach der Hof die offiziellen Beziehungen mit China im 9. Jh. ab, isolierte sich vom alltäglichen politischen Geschehen, vernachlässigte die Provinzen und besann sich auf alte aristokratische Werte. Somit wurde dem Konfuzianismus und allem, was damit zusammenhängt, der Rücken gekehrt. Dazu gehörte auch die Landreform, Grund und Boden kehrte wieder in den Besitz der Aristokraten sowie der Tempel und Schreine zurück. Prestige und Ansehen erwarben diejenigen, die ihre Posten am Hof zu Kyoto innehatten, Provinzposten bedeuteten sozialen Abstieg. Nur Aristokraten minderer Herkunft bot die Provinz die Möglichkeit Reichtum zu erwerben. Das spirituelle Leben jedoch wurde durch zwei neue buddhistische Traditionen aus China bereichert, den Tendai Buddhismus und den esoterischen Tantra Buddhismus *(shingon)*. Kobo Daishi, der Begründer des Tantra Buddhismus in Japan, gilt gleichzeitig als „Erfinder" der japanischen Kana-Lautschrift. Diese ermöglichte den Japanern sich schriftlich ihrer eigenen Sprache zu bedienen und die Zwänge, die das Chinesische auf die japanische Sprache ausübte, abzustreifen.

Während der Heian-Zeit entwickelte sich die klassische japanische Ästhetik, veranschaulicht durch Konzepte wie *miyabi* und *mono-no-aware,* die ihre Spuren für immer hinterließen und das Wesen der japanischen Seele widergeben. *miyabi,* das Elegante, das Verhaltene; *mono-no-aware,* bezeichnet die Sensibilität gegenüber Dingen, speziell gegenüber dem Vergänglichen bzw. die Eigenschaft, sich durch Dinge emotional bewegen zu lassen. Befreit von den Fesseln der chinesischen Schriftzeichen und der chinesischen Sprachkonvention konnten diese Empfindungen durch die neue Lautschrift endlich schriftlich verewigt werden. Entsprechend übte sich der Hofadel in neuen literarischen Ausdrucksformen, und viele Klassiker wurden Dank der neuen Kana-Lautschrift geschaffen. Kana wurden insbesondere zum Ausdrucksmittel von Frauen, da sie weniger Zugang zum Chinesischen hatten. Die großen Werke wie zum Beispiel das *kagero jikki, makura no soshi* und *genji monogatari* sind alle von Frauenhand aufgezeichnet. Heutzutage besteht die Schriftsprache aus *kanji* (chinesischen Schriftzeichen) und *kana*. In der Kunst entwickelten sich *yamato-e,* Bilder im japanischen Stil, im Gegensatz zum bislang üblichen chinesischen Stil. Die Heian-Zeit erlebte den Aufstieg der Fujiwara Familie, die ihre Töchter mit den Thronfolgern des Kaiserhauses vermählen ließ und über 200 Jahre lang entsprechend einflussreich war. Zwischen dem 9.-11. Jh. war jeder Kaiser Sohn einer Fujiwara Mutter. Trotz aller Errungenschaften führte neben internem Zwist die Distanz des Hofes zum realen Leben außerhalb seiner Mauern allmählich zum Ausklang dieser Zeit. In den Provinzen wuchs der Missmut gegenüber Kyoto und die Landesfürsten rüsteten gegen Kyoto.

Die darauffolgende Kamakura-Zeit (1185-1333) leitete eine neue Phase ein. Der Hof in Kyoto wurde radikal entmachtet. Der neue politische Machthaber, der Shogun Yoritomo, gründete das Kamakura-Schogunat (1185-1333). Hiermit siedelte sich der Sitz der politischen Macht erstmalig in Ostjapan an und leitete das Zeitalter des Feudalismus ein. Bezeichnend für die Kamakura-Zeit ist der Aufstieg der Samurai Familien, vormals niedere Aristokraten der Provinz. Mit der Kamakura-Zeit beginnt das japanische Mittelalter und währt bis zum Ende des 16. Jhs. Relativ früh entwickelte sich ein System, das dem Kaiserhof die Wahrung der Tradition und des Schöngeistes überließ, während Kriegsherren, die Samurai, die politische Macht in die eigenen Hände nahmen. Der Shogun Yoritomo holte sich formwahrend bei Hofe zeremonielle Zustimmung für die Besetzung verschiedener Posten und erreichte somit, dass seine Gefolgschaft allmählich Machtpositionen im ganzen Lande bekleideten.

Während der Kamakura-Zeit wurde die Kunst im Narastil wiederbelebt und der Buddhismus wurde duch Zen bereichert. Mit seiner Betonung der Selbstzucht sprach der Zen die Samurai mit ihrem strengen Ehrenkodex an. Der Tod des Shogun Yoritomo bewirkte aber eine Wende. Zum Ende der Kamakura-Zeit sah sich Japan von einer mongolischen Invasion bedroht. Allein ein Unwetter bewahrte die japanischen Inseln vor den Mongolen. Dieses Unwetter wurde als rettender Eingriff der japanischen Shintogötter betrachtet, und deshalb als *kami-kaze (kami* = Götter, *kaze* = Wind), Wind der Götter, bezeichnet. Obwohl die ausländische Herausforderung abgewendet worden war, signalisierten Machtkämpfe einzelner Samuraifamilien um das Schogunat sowie ein aufmüpfig gewordener Hof zunehmendes Chaos. Schließlich wurde das Kamakura-Schogunat von Kaiser Godaigo gestürzt.

Der nächste Shogun, Ashikaga Takauji, leitete die Muromachi-Zeit ein (1336-1573). Er siedelte sich wieder in Kyoto an, setzte einen Kaiser seiner Wahl ein und entmachtete den Hof zugleich politisch. Zwist zwischen verschiedenen Zweigen der kaiserlichen Familie um Anspruch auf den Thron führte zur Entstehung von zwei Höfen, dem Nördlichen und Südlichen Hof. Obwohl die Muromachi-Zeit von Krieg und Aufstand geprägt war, entfaltete sich die Kunst, voran die Zen-Kultur, die überwiegend weltlich war. *cha-no-yu,* die Teezeremonie nahm feste Formen an. Chinesischer Tee war den Japanern als Getränk und wegen seiner medizinischen Eigenschaften bekannt und chinesische Teeutensilien waren sehr begehrt. In Japan selbst wurde Tee erst viel später in der Gegend um Uji angepflanzt, die sich zum berühmten Teeanbaugebiet entwickeln sollte. Im späten 16. Jh. setzte sich einheimischer Geschmack allmählich durch; japanische Teeutensilien hielten Einzug und es entstand *wabi-cha.* Das Teetrinken ließ die Architektur im vorbuddhistischen Shoin-Stil aufleben, und die Teehütte wurde zum Vorbild für modernes japanisches Wohnen mit Tatamimatten statt Holzfußboden, Fusuma und Shoji (verschiedene Arten von Schiebetüren aus japanischem Papier) und dem Tokonoma, ein Alkoven zum Aufhängen von Schriftrollen. Ebenso entwickelten sich Künste wie *sumi-e* (Tuschemalerei), *ikebana,* das Blumenstecken und *karesansui,* die japanische Gartengestaltung, die allesamt wichtiger Bestandteil der Teezeremonie sind. *cha-no-yu,* die Teezeremonie, ist also als organisches „Ganzes" zu verstehen. Die treffende Wahl der Schrift-rolle, des Blumengestecks, zusammen mit der Gartengestaltung prägen die Atmosphäre der Teezeremonie. In der Muromachi-Zeit entstand auch der berühmte Goldene Pavillion, zu dem sich später der Silberne Pavillion gesellte. Ferner entstand die Tradition des Noh Theaters und des humoresken Kyogen. Neue Möglichkeiten der Geselligkeit wurden auch Nichtaristokraten zugänglich.

Im anschließenden Zeitalter der Vereinigung (1568-1600) führten die großen Kriegsherren Oda Nobunaga, Toyotomo Hideyoshi und Tokugawa Ieyasu das regional zerfallene Japan zusammen. Trotz Kriegsführung entwickelten sich Kunst und Kultur weiter, denn die neuen Machthaber erwiesen sich als großzügige Mäzene. Die ausdrucksstarke Malerei des Kano-Stils, berühmt geworden durch sogenannte *byobu* oder Stellwände, wurde von Oda Nobunaga stark gefördert. Festungsbauten wie die Himeji-Burg dominierten die Architektur. Im Gegensatz dazu verkümmerte der Hof. Adlige, einschließlich der kaiserlichen Familie, waren durch die Wirren des vorangehenden Zeitalters politisch völlig entmachtet und wirtschaftlich dem Ruin nahe. Es gab Höflinge, die sich von Daimyos (Feudalherren) anstellen ließen, um diese in höfischer Kultur zu unterweisen. Der Kaiser selbst musste aus Geldmangel eine Krönung verschieben. Ein zusätzliches Ereignis beeinflusste diese Zeit. Die Portugiesen verirrten sich im 16. Jh. nach Japan und durften sich zeitweilig um Nagasaki in Kyushu (Südjapan) ansiedeln und Handel betreiben. Neben westlicher Medizin wurden die Portugiesen speziell ihrer Waffen wegen geschätzt. Japan befand sich noch im Kriegszustand und europäische Feuerwaffen verhalfen den Daimyos (Feudalherren), die sie erwarben, zu strategischen Erfolgen. Die Jesuiten, die den portugiesischen Händlern folgten, versuchten mit wenig Erfolg das Christentum einzuführen. Obwohl Shogun Oda ihnen anfänglich gewogen war, wurden sie später verfolgt und ausgewiesen und das Christentum wurde verboten. Ihre kulinarischen Spuren aber hinterließen die Portugiesen in Gerichten wie *tempura.* Tempura sind in Fett ausgebackene Gemüsesorten und Meeresfrüchte. Für japanische Verhältnisse eine revolutionäre Art des Kochens, denn die einheimische Küche zu jener Zeit bediente sich vorwiegend des Grillens und Dämpfens.

Mit seiner Machtübernahme leitete Ieyasu Tokugawa die darauffolgende Tokugawa-Zeit (1600-1867), auch Edo-Zeit genannt ein, die als frühe Moderne gilt. Edo, das heutige Tokio, wurde zur Hauptstadt erkoren und erhob Ostjapan erneut zum politischen Machtzentrum. Das Hauptziel des ersten Tokugawa Shoguns war die vollkommene Vereinigung der japanischen Inselkette. Obwohl anfangs Interesse am Handel mit Engländern und Holländern bestand, entschloß sich der Shogun um ca. 1640, alle außenpolitischen Beziehungen abzubrechen. Vermutlich glaubte der Shogun, dass das Christentum nicht mit traditionellen, japanischen Werten zu vereinbaren sei, zum anderen befürchtete er, dass abtrünnige westjapanische *Daimyos* (Feudal-

herren) sich mit den Europäern verbünden könnten, um das Tokugawa Shogunat zu stürzen. Allein holländischen Handelsschiffen war es ab 1641 erlaubt, bei Nagasaki anzulegen. Japan blieb bis 1853 von der Außenwelt abgekapselt und genoss einen ebenso langen Frieden. Der Shogun kontrollierte seine Feudalherren, indem er ihre persönliche Freiheit stark einschränkte. Der kaiserliche Hof blieb machtlos, und selbst der Buddhismus verlor an Bedeutung. Stattdessen widmete sich das Tokugawa Schogunat dem (chinesischen) Neokonfuzianismus mit dessen rigiden, konservativen Wertvorstellungen. An der Spitze der neuen Gesellschaftsordnung standen von nun an die Samurai, *die bushi,* denen allein das Privileg ein Schwert zu tragen vorbehalten war. An zweiter Stelle stand die Bauernklasse, die zwar offiziell geachtet wurde, aber weiterhin arm blieb, da sie Abgaben in Form von Reis an die Feudalherren leisten musste.

Handwerker und Händler wurden den nächsten zwei untersten Schichten zugeordnet. Gesellschaftlich wurden sie von den Samurai eher geächtet, doch ab ca. 1675 gewannen sie allmählich an Reichtum und Einfluss und regten neue Kunstformen an. Anders als die Samurai waren die Handwerker und Händler nicht auf Reisstipendiate angewiesen, die je nach Ernte unterschiedlich ausfallen konnten. Unter Förderung der *chonin* (Handwerker und Händler) entwickelten sich die Künste, wie *ukiyo-e* (Holzschnitt), vertreten durch Künstler wie Utamaro, Hokusai und Hiroshige, nebst Kabuki-Theater, Puppentheater *(bunraku)* und nicht zuletzt die Haiku-Dichtung. Als bekanntester Haiku-Dichter gilt Basho.

Unter den Samurai *(bushi)* entwickelte sich das Konzept des *bushido,* der Weg des Kriegers, vereinfacht ausgedrückt, eine Art Verhaltens- oder Ehrenkodex für die Samurai. Einher ging das mit der konfuzianistischen Idee von *ko* (Respekt gegenüber den Eltern) und *chu* (Treue). Problematisch wurde es, wenn die Samurai zwischen den Eltern oder ihrem Herrn (Fürsten) wählen mussten. Anders als in China stand für die japanischen *bushi* (Samurai) Treue dem Herrn gegenüber an erster Stelle, noch vor den Verpflichtungen den eigenen Eltern gegenüber. *giri-ninjo* stellt ein weiteres sehr wichtiges Konzept der Zeit dar, dem alle Klassen ausgesetzt waren. *giri-ninjo* befasst sich mit dem Konflikt zwischen *giri,* dem was einem gesellschaftlich als Verpflichtung auferlegt ist (gesellschaftliche Erwartung) und *ninjo,* den persönlichen Gefühlen. Oft bleibt diesem Konflikt nur *shinju,* der Selbstmord als ehrbarer Ausweg.

Zum Ende der Tokugawa-Zeit nahmen die innenpolitischen Konflikte zu. Das Bürgertum hatte wirtschaftlichen und gesellschaftlichen Einfluss erlangt, und das Erbrecht der Samurai wurde in Frage gestellt, weil es vom konfuzianistischen Weg, Regieren und Macht durch Verdienst, abwich. Dazu gesellte sich der Ruf nach Wiederbelebung des kaiserlichen Hofes und des Kaisers als rechtmäßigem Herrscher. Die Situation verschärfte sich, als Japan 1853 zum Ausklang der Tokugawa-Zeit nach über zweihundert Jahren der selbstgewählten Isolation von einer amerikanischen Flotte unter Commodore Matthew Perry zur Öffnung gezwungen wurde. Dieses Ereignis hatte zur Folge, dass Japan ungleiche Handelsverträge zugunsten des Westens aufgedrängt wurden. Das feudale Japan sah sich plötzlich mit einer westlichen, technologisch überlegenen Macht und dem, was sie politisch, wirtschaftlich und gesellschaftlich vertrat, konfrontiert. Innenpolitische Auseinandersetzungen innerhalb Japans wurden durch diese Begegnung verschärft, und 1867 wurde der letzte Tokugawa Shogun Yoshinobu gestürzt. Der fünfzehnjährige Kaiser Meiji wurde auf den Thron erhoben und gleichzeitig wurde die Meiji-Restauration proklamiert.

Mit der Meiji-Zeit (1868-1912) begann ein gewaltiger Umbruch. Das Feudalsystem mit der priviligierten Samuraiklasse wurde abgeschafft. Das Schlagwort des Tages hieß *bunmei kaika* (Zivilisation und Aufklärung) und meint, sich nach westlichem Muster zu erneuern. Gesandte wurden nach Europa und Amerika geschickt, um den Westen zu erkunden. Vorrangig war die schnelle Industrialisierung. Die sogenannten *zaibatsu* (Finanzkonzerne, Unternehmensverbände von Familienangehörigen) mit Betrieben wie Mitsubishi entstehen. Der direkte Kontakt mit dem Westen war anfangs auf die Städte begrenzt, nur sehr allmählich erreichten die Wirren der neuen Zeit die Provinz. Für viele Japaner muss der Anblick von den Fremden und die ganz andere Welt, die sie verkörperten, sehr merkwürdig wenn nicht bedrohlich gewesen sein. Ohne Vorwarnung prallen zwei sehr unterschiedliche Kulturkreise plötzlich aufeinander. Es muss eine faszinierende Zeit gewesen sein.

Durch den Kontakt mit dem Westen veränderten sich neben modischen auch althergebrachte kulinarische Begebenheiten. Erstmalig wurde Rindfleisch gegessen. Wer etwas auf sich hielt oder als „zivilisiert" gelten wollte, der musste auch unbedingt europäisch essen.

Nach überschwenglicher und kritikloser Bewunderung des Westens und seiner vermeintlichen Überlegenheit in jeder Hinsicht, besinnt man sich in den 1880ern auf traditionelle japanische Werte und ist auf der Suche nach einer eigenen Identität. Widergespiegelt wird dieser Zeitgeist in der Meiji Verfassung von 1889, die sich übrigens an konservatives deutsches Gedankengut der Zeit anlehnt. In der neuen politischen Ordnung wird der Kaiser (besser, die Institution des Kaisers) nach jahrhundertelangem „Dornröschenschlaf" zum Staatsoberhaupt erhoben. Gleichzeitig wird die kaiserliche Institution mit konfuzianistischen Idealen verbunden. Die ungebrochene kaiserliche Linie, die sich bis auf die mythische Sonnengöttin

Amaterasu zurückführen lässt, wird als Einzigartigkeit interpretiert, und diese Einzigartigkeit erhebt die Japaner damit zu einem auserwählten und überlegenen Volk. Diese Einstellung zusammen mit dem „Vorbild" der großen westlichen Kolonialmächte der Zeit hatte weitreichende Konsequenzen für den Werdegang des modernen Japan. 1894-95 führte Japan Krieg gegen China über den Status von Korea, siegt und erhält Taiwan. Mit dem Sieg über China sank das Ansehen Chinas in den Augen vieler Japaner. 1905 siegte Japan über Rußland. Dies war insofern bedeutend, als erstmalig eine „weiße" Macht von einer nichtweißen, asiatischen besiegt worden war. Abgesehen von den militärischen Erfolgen machte die Industrialisierung innerhalb Japans große Fortschritte. Mit dem Tod des Meiji-Kaisers endet 1911 die Meiji-Zeit.

Die Taisho-Zeit (1912-25) ist vom Ersten Weltkrieg geprägt. Japan profitierte wirtschaftlich vom Kriegsgeschehen und übernahm asiatische Märkte, aus denen sich die westlichen Mächte zurückgezogen hatten, unter anderem auch die deutschen Interessen in Nordchina. Diese Entwicklung trug zum Selbstbewusstsein bei und ermöglichte endlich auch die Auflösung der ungleichen Handelsverträge aus der späten Tokugawa-Zeit. 1926 besteigt Kaiser Showa, im Westen als Hirohito bekannt, den Thron. Die Showa-Zeit (1926-1989) wird geprägt vom Zweiten Weltkrieg, den Angriffen auf Pearl Harbor, Hiroshima und Nagasaki, von der amerikanischen Besatzung, des Kaisers Entsagung seiner eigenen Göttlichkeit (arahito-gami) und vom Wirtschaftswunder Japan. Kaiser Akihito leitete nach dem Tode seines Vaters die Heisei-Zeit ein. Die Kaiserin Michiko entstammt bürgerlichem Hause.

Ein, zwei Häppchen Wissenswertes

Auf den ersten Blick scheint das gegenwärtige Japan ein Land der Gegensätzlichkeiten zu sein. So erfreuen sich die traditionellen Künste, wie das Blumenstecken *(ikebana),* die Teezeremonie *(cha-do, cha-no-yu)* und Kalligraphie *(sho-do)* großer Beliebheit. Besonders Mütter des Mittelstandes legen großen Wert darauf, ihre Töchter in diesen Künsten unterweisen zu lassen. Andererseits liegt es denselben Müttern sehr am Herzen, dass die zukünftigen Ehemänner ihrer Töchter bei renommierten Firmen wie Marubeni, JAL, Ito-chu oder Mitsubishi angestellt sind. Um in diese Firmen zu gelangen, müssen die jungen Männer sehr hochangesehene Universitäten wie Todai, Kyodai oder Hitotsubashi Universität besucht haben. Shodo-Lehrer oder unbekannte Vertreter der Teezeremonie haben kaum eine Chance, eine „höhere Tochter" heiraten zu können. Gesellschaftlich stehen sie nicht auf der gleichen Stufe wie die *sarariman* (abgeleitet vom engl. salary + man), die Angestellten im Büro. Angestellte, die bei einer ersten Firma Karriere machen, haben nicht nur gute Aussichten auf exzellente Vergütung, sondern genießen auch großes Ansehen. Für sie ist es kein Problem einen Kredit aufzunehmen, denn die Firma spricht für sie.

Widersprüche erscheinen besonders auffällig zwischen Öffentlichkeit und Privatsphäre. Im Allgemeinen wird bis auf besondere Anlässe westliche Kleidung getragen. Überall gibt es Cafes im Ambiente westlichen Stils, und sie sind durchweg gut besucht. Es gilt als schick, französisch oder italienisch essen zu gehen. Der Begriff *kokusaika,* Globalisierung oder internationaler Austausch ist seit Jahren Modewort, obwohl eigentlich nicht immer ganz klar ist, was er denn eigentlich bedeutet. Aber wenn die Menschen abends nach Hause kommen und sich die Schuhe abstreifen, bevor sie die eine Stufe in das Zimmer hinauftreten, ist das symbolisch dafür, dass das Japanische, wenn man es so ausdrücken darf, lebendig ist und den inneren, privaten Bereich regiert. Egal wie westlich Japaner eingestellt oder selbst eingerichtet sein mögen, bevor der eigentliche Wohnbereich betreten wird, ziehen sie sich die Straßenschuhe aus. Es ist einfach undenkbar, mit Schuhen, die die Welt draußen repräsentieren, das Innere zu beflecken. Das *genkan,* der Eingang oder Korridor stellt den Grenzbereich zwischen *uchi* und *soto* dar, ein Begriff, der wörtlich übersetzt drinnen und draußen bedeutet. Vor dem Schlafengehen steigt man in das *o-furo,* das japanische Bad. Dort seift und spült man sich außerhalb der Badewanne ab, bevor man in diese steigt, um zu entspannen. Zur Nachtruhe bevorzugen viele Japaner den einheimischen, leichten Futon, eine als Matratze dienende Matte.

„Uchi to soto" stellt ein wesentliches Konzept des japanischen Denkens dar. Es bezieht sich auf Abstraktes sowie auf Personen. Nur mit oder in *uchi* kann man sich aller Konvention entledigen und sich so zeigen, wie man ist. *uchi* bleibt normalerweise den Familienmitgliedern und außergewöhnlich engen Schulfreunden vorbehalten. Dieses Konzept geht einher mit *honne* und *tatemae* und meint das, was man wirklich denkt oder fühlt und das, was man nach außen hin zeigt, was in der Situation angebracht ist. Der moderne japanische Ausdruck TPO (Time, Place, Occasion also Zeit, Ort, Begebenheit) ist ähnlich. *honne* und *tatemae* bereitet vielen Westlern große Schwierigkeiten. Dieses Konzept wird oft als Zweizüngigkeit oder Unaufrichtigkeit gedeutet. Hingegen dient *honne* und *tatemae* dazu, direkten Konflikten aus dem Wege zu gehen. Es soll immer vermieden werden, dass das Gegenüber sein Gesicht verliert.

Das Faszinierende an Japan ist, dass Japaner das Verschmelzen von Altem und Neuem, von Einheimischen und Eingeführtem nicht als Widerspruch betrachten. Sie haben einfach keine Probleme damit. Denn letztendlich wird alles Ausländische japanisiert, auch wenn es auf den ersten Blick nicht erkennbar ist. Das Japanische ist somit sehr stark und lebendig, und Japaner schätzen ihre kulturelle Tradition.

Für Westler ist es nicht immer einfach, Japan und Japaner richtig zu verstehen. Oft scheint Japan mit radikalen Gefühlen verbunden zu sein. Manche Westler verehren Japan über alles, andere kehren Japan enttäuscht den Rücken. Beides hat wahrscheinlich mit Missverständnissen, falschen Erwartungen und Naivität zu tun. Westler, die Japan nur kurz besuchen, speziell wenn es sich um einen Geschäftsbesuch handelt, oder solche, die per Gruppenreise Japan kennenlernen, sind oft vollkommen entzückt und bleiben es, fasziniert von der schönen Kirschblüte, den Garten- und Tempelanlagen und der Höflichkeit, mit der man behandelt wird. Besonders bei Kurzreisenden scheinen Japaner alles zu unternehmen, um einen unvergesslich positiven Eindruck bei den Besuchern zu hinterlassen. Bei Ausländern, die über einige Jahre aus Berufs- oder Studiengründen in Japan ansässig sind, wird es schon schwieriger. Ausländer, die von großen internationalen Firmen oder Institutionen einige Jahre nach Japan geschickt werden, wohnen in sehr exklusiven Wohngegenden in sehr teuren modernen, westlichen Wohnanlagen nach amerikanischen Ansprüchen, deren Miete das zehn- bis zwanzigfache des normalen Japaners kostet. Für normale Japaner einfach unvorstellbar! Alternativ, wohnen manche Manager der internationalen Geschäftsszene in Einfamilienhäusern, die nicht selten 20.000 DM pro Monat Miete kosten. Spesen, versteht sich. Sonst wäre das nicht machbar bei Tokios sowieso teuren Mietpreisen. Natürlich sind diese Wohngegenden in verkehrsgünstiger Arbeitsplatznähe

gelegen, so dass sich der alltägliche Alptraum des Berufsverkehrs, dem Japaner ausgesetzt sind, in Grenzen hält. Supermärkte im westlichen Stil verwöhnen diese Gemeinschaft, und deutsches Pflaumenmus ringt mit russischem Tee und amerikanischer Erdnussbutter um die Gunst der Käufer. Für den Nachwuchs gibt es internationale Schulen. Japan- oder Japanischkenntnisse sind nicht unbedingt erforderlich. Es lässt sich gut am Gastland vorbeileben. „Niedere" Westler, die irgendeine Kunst erlernen oder studieren, oder Japan „erfahren" wollen, oder als Sprachlehrer arbeiten, leben dagegen vergleichsweise spartanisch. Kleine Ein- oder höchstens Zweizimmerwohnungen für gewöhnliche Sterbliche, Japaner mitinbegriffen, mit Berufsverkehr inklusive, sind üblich. Auch hier sind die Sprachkenntnisse unterschiedlich, doch sind die Mieter zwangsläufig komplizierten Situationen ausgesetzt.

Wann, wo, wie den Müll sortieren und hinaustragen? Wie die Rechnungen entziffern – sie sind auf japanisch! Glücklicherweise findet sich fast immer ein/e hilfreiche/r Japaner/in, der oder die mit etwas Englischkenntnissen den verzweifelnden Neuankömmling rettet. Im Durchschnitt vergehen wohl drei Jahre, um auf den Boden der Realität zurückzufinden. Die Japananbeter sind dann sehr oft „total" von Japan enttäuscht, den Depressionen nahe oder werden aggressiv, weil sie merken, dass sie eben doch nicht als Japaner gelten. Bis sich das Gleichgewicht wieder einstellt vergehen Monate. Oder aber es geht heimwärts und Japan ist abgeschrieben. Zur moralischen Unterstützung gibt es in Tokio „Helplines", telefonische Beratungsstellen, die Ausländern helfen, mit dem Kulturschock fertig zu werden. Daneben gibt es aber Westler, die die „richtige Einstellung" gefunden haben, die Freiräume und Grenzen verstehen, die dort lange oder für immer leben, arbeiten, Kinder haben und sich nicht vorstellen können, woanders zu leben.

Der Grund, warum Japan so unterschiedliche Gefühle auszulösen vermag, hängt vielleicht mit der komplizierten Einstellung der Japaner gegenüber Ausländern zusammen. Einerseits existiert ein gewisses Minderwertigkeitsgefühl gegenüber Westlern. In diesem Sinne werden Westler allgemein sehr gut behandelt, gut entlohnt und exklusiv ausgeführt. Im Sinne von 'Kokusaika', Globalisierung ist es auch schick, mit einem Westler befreundet zu sein. Ebenso sind die Meinungen ausländischer Experten und Prominenter sehr gefragt. In den großen Tageszeitungen finden sich oft übersetzte Leitartikel von Leuten wie Henry Kissinger oder Theo Sommer. Westler, die gut japanisch sprechen, treten im TV auf und werden Stars. Hauptsächlich deshalb, weil es für sehr viele Japaner sensationell ist, dass Nichtjapaner tatsächlich auf japanisch kommunizieren können. Es herrscht die festverwurzelte Meinung, dass japanisch einfach viel zu schwierig wäre, um von Nichtjapanern beherrscht zu werden. Andererseits empfinden manche Japaner Ausländern gegenüber ein gewisses Überlegenheitsgefühl, bedingt durch den Glauben von der Einzigartigkeit der japanischen Rasse und Sprache, und der kaiserlichen Linie. Man redet vom Inselkomplex; Japan war sehr lange abgeschirmt und ist recht homogen. Solange man sich als Westler darüber im Klaren ist, dass man unabhängig von sprachlicher Kompetenz nie als Japaner akzeptiert wird, solange man nicht wie einer aussieht, ist alles in Ordnung. Der Spruch: *yappari, gaijin desu yo nee* (Er/sie ist eben doch ein/e Ausländer/in) kann verletzend sein, wenn man denkt, jetzt hat man es endlich geschafft Teil der Gesellschaft geworden zu sein. Das zu akzeptieren ist hart. Gleichzeitig ist es gerade für Westler eine sehr gute Erfahrung, selbst in gewisser Weise Ausgrenzung zu erfahren.

Die Japanerfahrung asiatischer Studenten und Ansässiger unterscheidet sich wohl in einigen Punkten und ist vielleicht komplizierter. Viele Japaner scheinen Asiaten gegenüber wohl oft eine gewisse Überlegenheit zu empfinden, und es werden höhere Ansprüche an asiatische Mitbürger gestellt. Es wird mehr oder weniger erwartet, dass sie die japanische Sprache und Umgangsformen beherrschen. Andererseits sind Asiaten eher integriert als Weiße. Es ist sicherlich einfacher für Japaner sich mit asiatischen Menschen zu identifizieren, denn immerhin gehören sie zum eigenen Kulturraum *(toyo,* Orient) und sehen auch eher japanisch aus. Das Thema ist sehr weitläufig und keinesfalls erschöpft, bei längerem Japanaufenthalt kommt man allerdings in irgendeiner Weise damit in Berührung.

Die japanische Sprache mit ihren verschiedenen Begriffen oder Sprachebenen und Unterschieden in männlichem und weiblichem Sprachgebrauch erscheint auf den ersten Blick als sehr kompliziert. Man kann „neutral“ höflich sprechen, sozusagen eine sichere Allzweckebene, leger unter Freunden und Familienangehörigen und förmlich zu verschiedenen Geschäftspartnern und Höhergestellten. Dabei wird das Gegenüber (z.B. ein Vorgesetzter) sprachlich erhoben, während gleichzeitig die eigene Position als „untergeben“ oder „demütig“ ausgedrückt wird. Dabei unterscheiden sich die Wörter oft sehr deutlich, je nach Sprachebene. Zum kurzen Veranschaulichen, das Verb „essen“ hat verschiedene Formen, je nach Anlass:
'taberu' leger
'tabemasu' höflich, neutral
'meshiagaru' ehrend
'meshiagemasu' ehrend und höflich
'itadaku' bescheiden, untergeben
'itadakimasu' bescheiden, untergeben und höflich

Bescheidenheit nach außen zu zeigen wird in Japan geschätzt. Sich hervorzutun oder eigene Vorzüge zu preisen, selbst wenn man sie hat, gilt als sehr unangenehme Eigenschaft. Vor anderen gepriesen zu werden ist Japanern meist peinlich, denn sie wollen nicht anders sein als die anderen. In Japan steht die Gruppe im Vordergrund. Gruppendynamik und Gruppenkonsens ist wichtiger als individuelle Leistung oder Errungenschaft. Das bedeutet natürlich nicht, dass es in Japan keine Konflikte gibt. Ehekrach, Zank und Meinungsverschiedenheiten gibt es überall. Alles wird allerdings möglichst intern ausgetragen, nach außen hin tritt man eher geschlossen auf. Diese unterschiedliche Art der Kommunikation führt gelegentlich zu Missverständnissen, gerade auf internationaler Ebene.

Ein für viele Westler heikles und mit vielen Missverständnissen verbundenes Thema ist die Stellung der Frau in Japan. Ohne in tiefgreifende Analysen zu verfallen, sei heiter gesagt, dass in Japan der Geldbeutel von den Ehefrauen verwaltet wird. Sie treffen finanzielle Entscheidungen, und viele von ihnen händigen ihren Ehemännern ein sogenanntes Taschengeld aus. Ausdrücke wie *hyakku-en teishu,* ein Ehemann, der nur 100 Yen (etwa DM 1,50) Taschengeld erhält, oder *denshobato,* eine Brieftaube, die zuhause alles (Bare) abliefert, sind humorvolle Hinweise auf diesen Tatbestand.

Esskultur und Kochkunst

Essen als Erlebnis der Sinne

Gibt es eine bessere Einführung in die Kultur eines Landes als über die Kochkunst und die damit verbundene Esskultur? Ich denke kaum. Gerade im Hinblick auf Japan bin ich fest davon überzeugt. Einerseits ist das Essen ein Grundbedürfnis, welches zur Erhaltung des Selbst und der Art dient. Im Laufe der Zeit jedoch entwickelt sich dann eine gewisse Esskultur, die den besonderen geographischen und klimatischen Bedingungen eines Landes angepasst ist. In Japan ist diese Esskultur ausgesprochen hochentwickelt und verfeinert. Es geht also nicht mehr ausschließlich darum, den Hunger zu stillen, sondern das Essen zu einem Erlebnis werden zu lassen, das alle Sinne anspricht. Die Auswahl der Zutaten, die Art der Vor- und Zubereitung, die Präsentation, die Wahl des Geschirrs, die Speisenfolge, die Etikette beim Essen (vor, während und danach), tragen alle zu diesem Erlebnis bei und vermitteln dadurch die Kultur und die Werte eines Landes an sich. In diesem Sinne spiegelt sich in der Kochkunst die Kultur eines Landes wieder.

Regionale Unterschiede

Obwohl es regionale Vorlieben gibt, existiert in Japan keine ausgeprägte Regionalküche wie etwa in China oder Indien. So findet man in den nördlichen Gebieten, speziell im Bergland, wo es viel schneit und die vor der Industrialisierung recht abgeschnitten waren, viel *hozonshoku* („Haltbares“ + „Essen“), in Salz eingelegte Fisch- und Gemüsekonserven, die teilweise auch anschließend getrocknet werden, die sich also durch ihre Haltbarkeit auszeichnen. Diese Küche ist recht salzig. Die südlicheren und westlichen Gebiete geniessen dagegen das Jahr über Frischkost. Selbstverständlich garantieren die ausgezeichneten Verkehrsverbindungen heutzutage die Versorgung des ganzen Landes mit frischen Lebensmitteln, doch bleibt die Tradition des *hozonshoku* erhalten. *tsukemono* (Eingelegtes) sind Bestandteil einer jeden Mahlzeit in ganz Japan, gleichzeitig sind *tsukemono* aber nicht unbedingt *hozonshoku*. Eine kulinarische Grenze verläuft zwischen Kanto und Kansai. Kanto ist die ostjapanische Ebene mit Zentrum Tokio, Kansai dagegen Westjapan mit den Städten Osaka und Kyoto. Das sogenannte Kanto-aji, also die Kanto-Küche, ist salziger und Kantobewohner verraten sich abgesehen vom Dialekt auch dadurch, dass sie in Kansai oft extra *shoyu* (Sojasauce) verlangen.

Meist verbindet man die japanische Küche mit seltenem Fisch und mehr oder weniger exotischen Meeresfrüchten, doch im kühlen Norden Japans, in Hokkaido, isst man bevorzugt Lachs und Hering, aber auch Lamm in Gerichten wie *dschingis khan.* Klimatisch und landschaftlich hat Hokkaido Gemeinsamkeiten mit nordeuropäischen Ländern. Der Kontakt mit dem Westen hat sich auf die Landwirtschaft dort am meisten ausgewirkt, und Hokkaido ist für seine Milchprodukte bekannt. Tokio bietet allem voran *edo-mae-zushi,* synonym mit dem weltweit berühmt gewordenen, handgerollten *nigiri-zushi.* (Edo ist der alte Name von Tokio.) Weiter südlich und westlich um die alte Hauptstadt Kyoto herum sind *nabemono* besonders beliebt; leichte, elegante Eintopfgerichte, die sich vom deftigen deutschen Eintopf jedoch stark unterscheiden und eher an leichtere Fondues erinnern. Kyoto ist auch führend in der *kaiseki*-Küche, die bedingt durch den Einfluss des Buddhismus fleischlos ist. Hiroschima bietet neben reichhaltiger Auswahl an Meeresfrüchten insbesondere Austern, viele Gemüsesorten und *okonomiyaki,* eine Art Eierkuchen. Die Insel Shikoku rühmt sich ihrer *sanuki udon* (dicke Weizennudeln), und in Okinawa wird Schweinefleisch verzehrt, was wahrscheinlich auf polynesischen oder chinesischen Einfluss zurückzuführen ist. In der Literatur der Heian-Zeit finden sich auch Hinweise auf das Jagen und den Verzehr von Wild.

In der viel späteren Edo-Zeit war der Fleischgenuss trotz buddhistischer Tradition nicht gänzlich unbekannt; das Fleischverbot wurde elegant umgangen, indem Fleisch mittels neutraler Begriffe umschrieben wurde. Wildschwein wurde beschönigend als *botan* (Pfingstrose) oder *yamakujira* (Bergwal) bezeichnet und Reh als *momiji* (Ahornblätter). Der Buddhismus gebot vegetarische Kost, der Genuss von Fisch und Meeresfrüchten wurde geduldet, und man rechtfertigte sich, indem das, was nicht als Fleisch begrifflich zu erkennen war, kein Fleisch sei. Generell beschränkte sich der Wildgenuss auf die oberen Schichten. Walfleisch war einst Bestandteil der Ernährung. Als heikles Thema werden über den Walfang und die ehemalige Bedeutung von Walfleisch als Nahrungsmittel heute wenig Worte verloren. Dennoch gibt es gegenwärtig Walrestaurants in Japan. Jüngst gewährte die internationale Walkommission Japan die Genehmigung zum Fangen einiger Wale.

Die Präfektur (Provinz) Shizuoka ist berühmtes Teeanbaugebiet. Zur Erntezeit im Mai werden Spitzensorten feilgeboten, die recht kostspielig sein können. Der beste Reis, vertreten durch die *koshihikari* und *sasanishiki* Sorten, wird in den nördlicheren Präfekturen angebaut und einmal im Jahr geerntet. Außerdem werden dort auch Äpfel geerntet. Satsumas (Mandarinen), die man in Deutschland kennt, stammen ursprünglich aus Satsuma; der alte Name für das moderne Kagoschima. Auf japanisch werden sie *mikan* genannt. Zur Winterzeit über bestellen viele Familien kistenweise Mandarinen. Zitrusfrüchte spielen eine nicht unbedeutende Rolle beim Kochen. *yuzu,* eine kleine, sehr aromatische Zitrusfrucht, verleiht vielen Gerichten einen angenehmen Duft. *dai-dai,* eine bittere Orangenart, dient als Dekoration zum Neujahrsfest.

Es kann guten Gewissens behauptet werden, dass die Japaner gerne gut essen und sich die Konversation oft ums Essen dreht. Auf fast allen Fernsehkanälen sowie in Tageszeitungen werden täglich neue Rezepte zur Anregung vorgestellt oder es wird ein Beitrag zum Thema Essen geleistet. Japaner lieben Spezialitäten aus verschiedenen Gebieten des Landes, und in den führenden Lebensmittelabteilungen renommierter Kaufhäuser, aber auch in kleinen Supermärkten gibt es oft eine *mentaiko*-Woche (pikanter Fischrogen) oder ein Akita-Fest (Provinz in Nordjapan), wo Lokalspezialitäten vorgestellt und angeboten werden.

Japaner besuchen auch gerne Ausflugsziele oder Ortschaften, die sich durch einen besonderen Leckerbissen einen Namen gemacht haben. Dazu gehört es oft, in einem geschätzten *ryokan* (traditionelle Pension) zu übernachten und zu entspannen. Eine nette Geste ist es, den Zuhausegebliebenen, auch den Kollegen am Arbeitsplatz, eine Kleinigkeit mitzubringen.

Die Nahrungsmittel

Die Vielfalt der Zutaten in der japanischen Küche ist verblüffend. Fische und Meeresfrüchte nebst Algen verschiedenster Art finden hier Verwendung. Achäologische Ausgrabungsstätten bestätigen, dass die üppige Vielfalt des Meeres seit Ewigkeiten als Nahrungsspender fest in der Esskultur der Bewohner der japanischen Inselkette verwurzelt ist. Dazu kommt eine sehr reichliche Auswahl von Gemüse und Obst neben im Westen relativ unbekannten Sorten wie beispielsweise *kozanyasai,* sogenanntes Gebirgsgemüse, essbarer Farn, essbare Chrysanthemenblüten und -blätter, Wurzelgemüse wie *gobo, take-noko,* junge Bambussprossen und *renkon,* Lotuswurzel. Zusätzlich werden diverse Sorten im Westen unbekannter Pilze verwendet. Darunter ist *mattake,* (auch *matsutake*) ein heller, sehr aromatischer Pilz, der ausschließlich in Kiefernwäldern wächst, sozusagen der Trüffel der Japaner. Er gehört zu den Herbstdelikatessen und ist in Japan so kostspielig, dass in einer Brühe mitunter nur ein „Splitter", oder hauchdünnes Scheibchen, davon zu sehen ist. Der Hauptbestandteil fast jeder Mahlzeit ist heutzutage weißer Reis. Zu Mittag werden viel Nudelgerichte gegessen, zu denen es keinen Reis gibt, außer es handelt sich um *ramen-teishoku,* ein eher anspruchsloses, sprich preiswerteres Mittagsgedeck chinesischer Nudeln. Ergänzt wird diese Palette heutzutage um verschiedene Fleischgerichte.

Symbolische Gaben (*shinsen* oder *mike* genannt) an die einheimischen Shintogötter offenbaren gleichermaßen die Vielfalt der japanischen Küche. Diese Gaben der Danksagung bestehen meist aus Reishalmen, Sake, Salz- und Süßwasserfischen, Wildgeflügel, Wassergeflügel, Meeralgen, Gemüse, Obst, Salz und Wasser. Diese Gaben unterteilen sich noch einmal in *seisen* (rohe Gaben) und *jukusen* (gekochte Gaben). An Shintofesttagen sind die Altäre großer, traditioneller Shintoschreine sehr reichlich und festlich für die Götter gedeckt. Buddhistische Opfergaben, *butsuku* genannt, werden in den großen Hallen der Tempel aufgestellt. Sie unterscheiden sich von den Shintogaben im wesentlichen dadurch, dass weder Fleisch noch Fisch vertreten sind. Stattdessen werden Gemüse, Obst, Nüsse und Meeralgen dargereicht.

Fisch

Es gibt wohl kaum ein anderes Land, das vergleichbare Kenntnisse der Vielfalt des Meeresertrages und dessen Verarbeitung und Zubereitung aufweisen kann. Mit einem jährlichen pro Kopf Verbrauch von 66,6 kg Fisch und Meeresfrüchten liegt Japan weltweit an erster Stelle. Im Vergleich liegt der pro Kopf Verbrauch in Russland bei 25,2 kg, in China 12,2 kg. Japan dominiert im internationalen Fischhandel und bietet die besten Preise. Der Tsukiji Fischmarkt in Tokio ist der größte Fischmarkt der Welt. Über 400 verschiedene Sorten an Meeresfrüchten aus über 60 Ländern werden hier täglich verauktioniert. An die 2,2 Millionen Kilogramm Fisch finden hier pro Tag ihre Käufer, siebenmal so viel wie auf dem weltweit zweitgrößten Fischmarkt Rungis in Paris. Je nach Umrechnungskurs bedeutet das weit über 50 Millionen Mark Umsatz pro Tag. Blaufisch, eine der begehrtesten Thunfischarten, wiegt zwischen 100 bis 500 kg und die Preise für einen Thunfisch erster Güte reichen von DM 12.000 bis weit über DM 20.000 pro Stück.

Frisch gefangener Fisch der Superlative ist Höhepunkt und Inbegriff der japanischen Küche: Sashimi. Japaner empfinden es als Sakrileg, vorzüglichen rohen Fisch zu zerkochen oder mit schweren Saucen zu ertränken. Der Fisch (und das gilt gleichermaßen für alle Zutaten) soll so natürlich wie möglich und so unbehandelt wie möglich verspeist werden. Schlichtheit und Naturbelassenheit sind charakteristische Eigenschaften der japanischen Küche.

Die japanische Küche wird gelegentlich als *shiru* und *sashimi* definiert, eine Suppe und dazu Sashimi. Das exquisite Sashimi wird mittels *sanshin* erzielt, ein Begriff, der die drei wesentlichen Faktoren der japanischen Küche bezeichnet: Schneidetechnik, Farbkontrast und Anrichten. Sehr schlicht, aber welch Augenweide! Frisch angerichtetes Sashimi spricht alle Sinne an, und japanisches Essen muss Japanern nicht nur vorzüglich schmecken, es muss auch optisch einwandfrei sein. Attraktives Geschirr bereichert den Genuss noch weiter. Japaner sind sehr feinfühlig, ja fast penibel in dieser Beziehung.

Fisch, der den strengen Anforderungen des Sashimi nicht mehr ganz entspricht, wird gegrillt als *yakizakana* gereicht. Und wenn der Fisch nicht mehr gegrillt als yakizakana zu verwenden ist, dann wird der nicht mehr ganz frische Fisch gekocht als *nizakana* serviert. Dieselbe Reihenfolge gilt natürlich auch für andere Meeresfrüchte, wie Schalentiere oder Calamari. Selbst Seeigel werden als Sashimidelikatesse gereicht, aber weniger frisch mit anderen Zutaten vermengt zu einer Art Beize verrührt und zum Bestreichen von gegrilltem Fisch benutzt. Außerdem werden verschiedene Meeresfrüchte auch zu haltbaren Konserven wie *tsukudani* (auf Tsukuda-Art mit Sojasauce und Zucker eingekocht) oder *shiokara* (in Salz eingelegt) verarbeitet und zu Reis gegessen.

Generell wird Fisch drei verschiedenen Klassen zugeordnet. Es gibt *shiromi,* weißfleischigen Fisch wie *tai,* Kabeljau und Scholle, *akami,* rotfarbenen Fisch wie Bonite, Thunfisch und Lachs neben den *hikarimono,* „schillernden" Fischen wie Hering, Makrele und Sardine.

Nicht zu vergessen sind die zahlreichen Schalen- und Krustentiere. Auch zu Sashimi gibt es eine Vielzahl verschiedener Muschelsorten. Wer beim Einkauf für Sashimi die Wahl zwischen groß- beziehungsweise klein ausgefallenen Muscheln hat, sollte zum Rohessen die kleinen wählen, denn das Fleisch ist zarter. Austern sind beliebt und gehören immer zu *yosenabe* (eine Art Fondue). Im Westen werden gelegentlich Bedenken gegen den übermäßigen Verzehr von Austern, Calamari und Garnelen wegen des hohen Cholesteringehaltes geäußert. Inzwischen ist aber erwiesen, dass diese Meeresfrüchte, neben anderen Schalentieren, gleichzeitig sehr taurinhaltig sind. Taurin ist eine Aminosäure, die hohen Blutdruck normalisiert und Cholesterinablagerungen an den Blutgefäßwänden abbaut. Da der Tauringehalt in den genannten Meeresfrüchten proportional wesentlich höher ist als der Cholesteringehalt, ist das Verspeisen dieser Meeresfrüchte unbedenklich. Taurin ist wasserlöslich, und darum sollte man bei gekochten Schalentieren die Brühe oder Kochflüssigkeit auch trinken.

Unter allen Fischsorten nimmt der *tai,* ein weißfleischiger Meeresfisch einen Ehrenplatz ein. Er wird zu festlichen Anlässen gereicht und symbolisiert Glück. Daneben sind verschiedene Teile des Thunfisch heut-

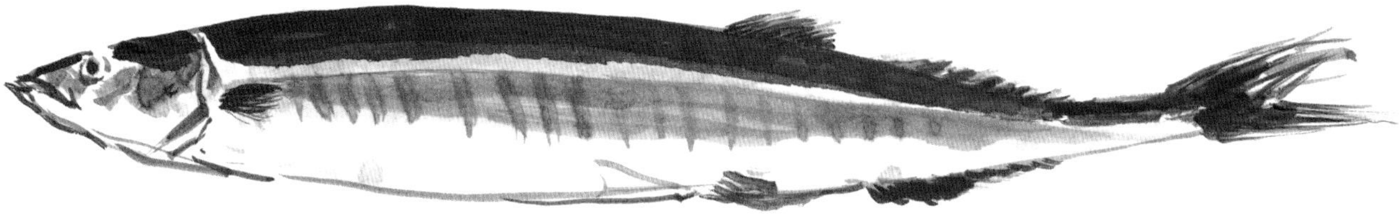

zutage sehr begehrt; unter Kennern gilt *toro*, der fette, durchwachsene Teil als besonders lecker. Als Delikatesse sehr gefragt ist auch roher Lachs. Die Auswahl an Fisch und Meeresfrüchten, die Sashimi-tauglich sind, ist beachtlich. Selbst Kalamari und eine besondere Garnelenart *(ama-ebi)* gehören dazu. Doch eignen sich nicht alle Fischarten zum Rohessen. Aal oder Meeraal beispielsweise werden nie roh gegessen, sondern mit einer Sauce bestrichen als *kabayaki* gegrillt. Auch *ise-ebi*, Langusten, eine sehr beliebte Delikatesse, oder *kani*, Krebse, werden gewöhnlich gegart. Roher Lachs wird heutzutage oft im *shunkanreito* Verfahren blitzschnell angefroren, um Parasiten unschädlich zu machen. Daneben gibt es natürlich die berühmt-berüchtigte Spezialität *fugu*, Kugelfisch, die ausschließlich in Spezialrestaurants beim *fuguya-san* serviert wird. Das liegt daran, dass Kugelfisch tödlich sein kann. Es bedarf einer Spezialausbildung und Zulassung, um *fugu* anzubieten. Fachmännische Kompetenz ist unerlässlich, um die hochgiftigen Innereien zu entfernen.

Zurück zu den harmloseren Zutaten; *konbu*-Seetang wird getrocknet und dient zum Bereiten von *dashi*, japanischer Brühe. *konbu* wird auch mit Sojasauce zu *tsukuda-ni* eingekocht und als Beilage zum Reis gegessen. *nori*-Seetang wird getrocknet, geröstet und teils gewürzt. Die knusprigen, pergamentartigen Noriseheiben werden zum Wickeln von o-sushi oder o-musubi verwendet. Feingehackter oder gemahlener *nori* ist auch Bestandteil diverser Gewürzmischungen *(furikake)*, die man über Reis streut. *wakame*-Seetang ist zusammen mit Tofu die Standardeinlage in Misosuppe. Hinzu kommen *hijiki*-Algen, schwarze Algen, die mit anderen Zutaten angebraten und gedünstet werden. Daneben gibt es noch zahlreiche Algensorten, die zu Sashimi oder im *kaiso-sarada*, Algensalat gereicht werden. Als sehr beliebte Delikatesse gelten auch verschiedene Fischrogen, wie *ikura* (Lachsrogen), *tobiko* (Rogen vom fliegenden Fisch), *kazunoko* (Heringsrogen) und *tarako no mentaiko*, pikant-scharf gewürzter Rogen vom *tara*, ein Fisch der Kabeljaufamilie.

Reis

Wer an japanische Küche denkt, verbindet sie zumeist auch mit Reis. Tatsächlich ist Reis von großer Bedeutung, so dass es für seine verschiedenen Formen unterschiedliche Wörter gibt. So heißt ein einziger Reishalm *ine*, ungekochter Reis *kome* und gekochter Reis *gohan*. Der Begriff des Essens ist mit dem des Reis identisch. Wenn also auf japanisch: „*go-han desu yo*" (das Essen ist fertig) gerufen wird, bedeutet das genaugenommen: „Der Reis ist fertig." Zum *go-han* (Reis) gesellen sich dann sogenannte *o-kazu*, die „anderen" Gerichte, die man zum Reis isst. Selbst zu einer Kartoffelspeise wie „*nikujaga*" fehlt keinesfalls der Reis. Denn die arme Kartoffel gilt hier lediglich als eins von vielen Gemüsen. Die japanische Einstellung zum Reis unterscheidet sich somit sehr radikal von der europäischen. Im Westen wird Reis als gelegentliche Beilage betrachtet, in Japan aber steht die gefüllte Reisschale im Mittelpunkt der Mahlzeit. Japaner schätzen weißen, also polierten Reis. Im Westen sehr in Mode gekommener brauner Reis hingegen findet so gut wie keine Beachtung. Weißem Reis wird eine besondere Bedeutung zugemessen. Er symbolisiert Reinheit, wird den Shintogöttern als symbolische Gabe gereicht und diente einst als Maß des Reichtums. Selbst heute bekommt der *hotoke-san* (das sind die Ahnen, die durch den buddhistischen Familienaltar zuhause repräsentiert werden) vom täglich gekochten Reis zu allererst in einer kleinen Opferschale serviert. Erst dann sind die Sterblichen an der Reihe. Durch die Jahrhunderte gab es Verordnungen, die genauestens festlegten, welche gesellschaftliche Klasse zu welchen Anlässen weißen Reis essen durfte. Dabei erging es den Bauern, die den Reis anbauten, am schlechtesten. Sie durften Reis nur an Festtagen genießen. Als Grundnahrungsmittel dienten einst *hie* und *awa*, beides Hirsesorten, und *mugi*, Gerste. Viele Schichten der Bevölkerung verlängerten den Reis, den sie essen durften, mit anderem Getreide wie Gerste. Erst der wirtschaftliche Erfolg der Nachkriegszeit erlaubte es der Bevölkerung, das begehrte Grundnahrungsmittel Reis regelmäßig zu verspeisen. Die Reisbauern werden vom Staat stark subventioniert, und Reis ist ein entsprechend teures Nahrungsmittel. Der Reisverkauf selbst unterliegt strengen Verordnungen. Japan versucht sich durch die Selbstversorgung mit Reis eine gewisse Unabhängigkeit zu erhalten. Auf Druck verschiedener Handelspartner hat Japan kürzlich den Binnenmarkt für Reisimporte öffnen müssen. Wegen seiner Einzigartigkeit allerdings braucht japanischer Reis die Konkurrenz von Billigimporten anderer Reissorten nicht zu fürchten. Japanische Verbraucher sind ihrem Reis treu.

Die Sojabohne

Eine ganz besondere Stellung innerhalb der japanischen Küche fällt der Sojabohne zu. Es ist sicherlich keine Untertreibung zu behaupten, dass die Sojabohne den Japanern soviel bedeutet, wie Milchprodukte den Nordeuropäern. Sie enthält wertvolles, hochwertiges Eiweiß, und aus ihr werden *tofu, tonyu, miso, shoyu* und *natto* (Sojabohnenquark, Sojabohnenmilch, gegärte Sojabohnenpaste, Sojasauce und gegärte Sojabohnen) gewonnen. Tofu wird im Sommer kalt als *hiya-yakko* mit geriebenem Ingwer, Lauchzwiebeln, Bonitenflocken und Sojasauce beträufelt gegessen und als *yu-dofu*, eine Art heiße Brühe im Winter. Ferner wird Tofu gebraten, gegrillt und dient als Suppeneinlage. Selbst heute haben sogar in Tokio viele Nachbarschaften noch ihren *tofuya-san*, der allmorgendlich frischen Tofu herstellt. Besonders auf dem Lande gibt es noch *tofuya san*, die täglich per Rad oder Kleintransporter ihre Runde durch die Nachbarschaft machen und den Hausfrauen somit einen Gang ersparen. Es gibt einige berühmte Restaurants, die auf Tofu spezialisiert sind.

Die traditionelle, japanische Küche wird also von Reis, Gemüse, Tofu und natürlich dem Meeresertrag geprägt. Fleisch spielt auch heute noch eine untergeordnetere Rolle, obwohl die jüngere Generation vielmehr davon konsumiert als je eine Generation zuvor. Milchprodukten gegenüber bleibt eine gewisse Abneigung bestehen. Zwar ist bei Teenagern *guratan*, 'au gratin' beliebt, und sie konsumieren auch mehr Milch und Yoghurt, in der traditionellen Küche jedoch fehlen Milchprodukte gänzlich. Aus diesem Grunde bietet die japanische Küche eine ausgezeichnete Alternative für Menschen, die allergisch auf Milchprodukte reagieren. Kalzium erhält man in der traditionellen Küche beispielsweise durch kleine Fische wie *jako* oder *niboshi*, die ganz mit Gräten verspeist werden.

Besonderheiten der Zubereitung und der Präsentation

Oberstes Gebot in der japanischen Küche ist die Verwendung absolut frischer Zutaten und deren schnelle und schonende Verarbeitung. Die Zutaten sollen möglichst naturbelassen bleiben. *yakizakana*, gegrillter Fisch, nur mit etwas Salz bestreut, ist Beweis der Schlichtheit japanischer Küche. Eine der wichtigsten Grundregeln ist es, den Eigengeschmack der Zutaten zu erhalten. Würzen sollen diesen nur herausheben. Zucker, Sake, Salz, Sojasauce, Essig, *miso* und *mirin* dienen als Hauptwürze. Essig und Salz spielen seit der Heian-Zeit eine wichtige Rolle, weil sie zur Konservierung von Nahrungsmitteln einst unerlässlich waren. Frischer Ingwer, *wasabi* (grüner, japanischer Meerrettich), *togarashi* (scharfe, rote Pfefferschote), Knoblauch und diverse Kräuter werden nur sehr sparsam verwendet. Darüberhinaus werden bevorzugt Zutaten der Saison (*shun no mono*) verwendet.

Der Begriff *sanshin* bezeichnet die drei wichtigen Prinzipien des Kochens: die Schneidetechnik, den Farbkontrast und das Anrichten. Zur Grundtechnik des Kochens gehören verschiedene Arten des Schneidens zum Beschleunigen des Garprozesses sowie zum optischen Anreiz. Man darf nicht vergessen, dass Messer am Tisch fehlen, also müssen die Happen mundgerecht zubereitet sein. Blanchieren, dämpfen, schmoren, grillen, kurzes anbraten (sautieren) und frittieren ergänzen die Gartechniken. Gemüse werden in der traditionellen Küche generell nicht roh serviert, sondern entweder blanchiert, angemacht oder gekocht. Geriebener Rettich (*daikon-oroshi*) zu Fisch sowie die Garnierung für Sashimi und Sushi bilden eine Ausnahme. Salate im westlichen Sinne sind eine neuere Erscheinung, werden aber mit leckeren, ungewohnten Salatsaucen ganz dem japanischen Gaumen angepasst. *dashi* (Japanische „Brühe"), aus Seetang und getrockneten Fischflocken gewonnen, ist neben Sojasauce der Schlüssel zur japanischen Küche. *dashi* wird in Suppen, Eintöpfen, beim Schmoren, einfach überall, verwendet.

Ein weiterer Grundsatz der japanischen Küche ist die Ausgewogenheit und vor allem die Speisenvielfalt zu jeder Mahlzeit. Viele verschiedene, dafür jeweils knapp gehaltene Speisen auf zahlreichen kleinen Schälchen und Tellern für jede Person einzeln serviert, sollen Gaumen und Sinne ansprechen. Das gilt verstärkt, wenn Gäste bewirtet werden. Trotz reichlicher Auswahl und Genuss beim Essen, gilt aber auch das Sprichwort: „*hara wa hachibu*", übersetzt etwa: „Der Magen soll nur zu 80% ausgelastet werden".

Überaus wichtig ist die Präsentation der Speisen. Sie basiert auf diversen Grundsätzen, die später näher beschrieben werden. Beim Auftun sollte man als Europäer eher an kleine Happen denken. Überschwappende Teller gelten als unappetitlich und sind unbedingt zu vermeiden. Qualität vor Quantität ist ein charakteristisches Merkmal dieser Küche. Auf Kontrast wird großer Wert gelegt, sowohl geschmacklich als auch farblich. Reis wird immer ohne Salz gekocht und auch nicht mit Sojasauce begossen. Reis repräsentiert den neutralen Geschmack, zu dem sich süßere *nimono* (z.B. kurz geschmorte Gemüse), Salziges *(miso*-Suppe), Knackiges *(tsukemono),* Saures *(su-nomono)* usw. gesellen. Farblich abgestimmt, sollten Weiß (Tofu, Rettich, weißer Fisch), Rot (Mohrrüben, Tomaten, gekochte Krabben) und Grün (Zuckererbsen, Kresse) vertreten sein. Gelb erhält man durch Eigelb, Chrysanthemenblüten und Zitronenschale. Braun (Schwarz) wird z.B. durch Shiitake Pilze vertreten. Beim Anrichten achtet man darauf, dass Braun eher auf der Seite gehalten wird, während Rot, Grün und Gelb zur Tellermitte hin angeordnet sind. Erschrecken Sie nicht über den Abwasch. Japaner empfinden jedoch einen einzigen Teller, auf dem Kartoffeln, Fleisch, Gemüse und Sauce serviert werden als *samishii,* so einsam und verloren.

Die außergewöhnliche Sorgfalt bei der Präsentation - besonders im Restaurant sieht alles exakt angeordnet aus - macht die japanische Küche zum Augenschmaus. Wenn man nun als Europäer beim Anblick wunderschöner Happen ganz verzagt bei dem Gedanken, selbst japanisch kochen zu wollen, kann zur Erleichterung gesagt werden, dass man auch in Japan zwischen Hausmannskost *(katei-ryori)* und exklusiver Restaurantküche unterscheidet. Auch die japanische Durchschnittshausfrau hat weder die Muße noch die Zeit, täglich zum Abendessen optisch ansprechende Kunstwerke zu schaffen. Das bleibt dann doch den Köchen in Restaurants vorbehalten. Zu besonderen Anlässen werden natürlich auch zu Hause aufwendigere Speisen kreiert.

Shokuji oder Shushoku (Die Mahlzeit oder ein Imbiss zum Sake)

Traditionell wird zwischen *shokuji* und *shushoku* unterschieden. *shokuji* bezeichnet eine Mahlzeit, bei der der Reis im Mittelpunkt steht und zu dem *o-kazu,* verschiedene Speisen, gereicht werden. Dagegen bezeichnet *shushoku* einen Anlass, bei dem der Sake (auch *shu* ausgesprochen) im Mittelpunkt steht. *shokuji* oder *shushoku* bestimmen also den Verlauf; beim Sake wird, wenn überhaupt, der Reis ganz zum Schluss gereicht, zu Sake wird auch keine Misosuppe serviert, sondern nur *suimono,* eine klare Brühe. Aus westlicher Sicht ist es oft schwierig festzustellen, welches Gericht die Hauptspeise darstellt. Man möchte meinen, es handle sich um eine endlose Reihe von Vorspeisen. Hier bietet die Unterscheidung zwischen *shokuji* (Mahlzeit) und *shushoku* (Sake) eine kleine Hilfe.

Die Reihenfolge der Speisen

Früher wurden die Gerichte eins nach dem anderen einzeln serviert. Bei förmlichen Anlässen oder exklusiver Restaurantküche geschieht dies auch heute noch. Wer sich zu Mittag allerdings ein Gedeck, ein sogenanntes *teishoku* bestellt, erhält ein Tablett, auf dem das komplette Menü auf einzelnen Tellern samt Reis serviert wird. Andererseits wird beim *yakitoriya-san,* im Grillrestaurant, in denen getrunken und gegessen wird, à la carte bestellt, sogar der Reis. Um eine japanische Mahlzeit zu veranschaulichen, beschränken wir uns hier auf die Mahlzeit zu Hause, auf das *katei-ryori.* Dort beweist die Hausfrau insbesondere mit *nimono* (Eintopfartigem) ihr Können.

Ein repräsentatives japanisches Menü besteht aus einer Suppe *(shirumono),* rohem Fisch *(sashimi),* Eintopf *(nimono)* und Gegrilltem oder Gebratenem *(yakimono).* Dieses Menü wird *ichiju-sansai* genannt, ist eine Suppe und drei auf verschiedene Kochweisen zubereitete Speisen. Reis und *tsukemono* (Eingelegtes) verstehen sich von selbst und werden nicht extra angeführt. Dieses Grundmenü ändert sich dann jeweils danach, ob zum Beispiel der Reis als *takikomi-gohan* schon mit Gemüse aufgesetzt wird, dann kann auf ein zusätzliches Gemüsegericht verzichtet werden, oder ob es sich um einen besonderen Anlass handelt, zu dem man extravaganter sein möchte und die angeführten Gerichte noch um blanchiertes und angemachtes Gemüse *(aemono)* oder Sauerangemachtes *(su-nomono)* oder eine zweite Suppe bereichern möchte. Sollte Sake gereicht werden, wird dieser zuerst mit einem dazu passenden Happen *(tsukidashi)* gereicht. Zu Sake passende Kleinigkeiten werden auch als *sakana* (nicht mit Fisch zu verwechseln) oder *o-tsumami* bezeichnet. Nach Belieben kann Gegrilltes *(yakimono)* durch Frittiertes *(agemono)* und Eintopfartiges *(nimono)* durch Gedämpftes *(mushimono)* ersetzt werden. Übrigens essen nicht alle Japaner tagtäglich Sushi oder Sashimi. Das erlaubt das Haushaltsbudget nicht.

Die Anordnung der Gerichte

Die Essstäbchen liegen quer vor einem auf dem Tisch und verjüngen sich nach links. Aus praktischen Gründen ist darauf zu achten, die Schale mit Reis darüber auf der linken Seite zu servieren und die Suppenschale auf der rechten. Reis und Suppe sollen heiß sein. Darüber kommt das *nimono* in die Mitte. Zuletzt in die oberste Reihe links wird das *yakimono* platziert und auf der rechten Seite das Sashimi. Bildlich vorgestellt gleicht die Anordnung der Gerichte den fünf Punkten auf einem Würfel. Tsukemonoschälchen werden zwischen Reis und Suppenschale angeordnet. Grundsätzlich gilt aber: der Reis links, die Suppe rechts und das Sashimi darüber rechts.

Der gute Ton beim Essen

Zu Beginn einer jeden Mahlzeit sagt man als Danksagung *itadakimasu.* Wenn Bier eingeschenkt wird, füllt man sich jetzt gegenseitig die Gläser und wünscht *kanpai,* Prost. Wenn man als Gast seine *waribashi* (Wegwerfstäbchen) auseinandergezogen hat, legt man sie noch einmal vor sich auf den Tisch, bevor mit dem Essen begonnen wird. Es entspricht dem guten Ton, dass man stets mit beiden Händen Gegenstände reicht oder entgegennimmt. Die Gerichte, die kalt gegessen werden, werden zu Hause auf einzelnen Tellern und Schalen meist schon vor Beginn der Mahlzeit an jeden Platz gestellt, während die Hausfrau den Reis und die Suppe erst einfüllt, wenn alle beisammen am Tisch sitzen. Die Stäbchen werden mit der rechten Hand aufgehoben. Die Reisschale ruht in der linken Hand, während man davon isst. Reis wird nach Belieben nachgereicht, man verlangt dann *o-kawari.* Die Suppe wird aus der Schale getrunken. Dabei führt man die Suppentasse mit beiden Händen zum Mund. Zum Essen der Einlage werden die Stäbchen benutzt, dabei ruht die Suppenschale in der linken Hand. Es gibt keine Suppenlöffel. Auf keinen Fall sollte man die Stäbchen senkrecht in den Reis stechen, das gilt Verstorbenen. Übrigens darf bei Suppen und vor allem bei Nudelgerichten geschlürft werden! Zum Ende der Mahlzeit gibt es meist Tee, und schließlich bedankt man sich bei der Hausfrau mit *gochisosama deshita,* es war vorzüglich. Zu Gästen erwidert die Hausfrau darauf, *osomatsu desu,* etwa gleichbedeutend mit „es war doch sehr bescheiden", selbst wenn der Tisch vor Speisen fast zerbarst.

Normalerweise hat zu Hause jedes Familienmitglied sein eigenes Paar Essstäbchen aus Lack. Traditionell sind Stäbchen für Frauen meist rot, die Stäbchen für Männer sind dunkler und länger. Gäste erhalten meist *waribashi,* Wegwerfstäbchen aus Holz wie auch im Restaurant. Waribashi eignen sich ausgezeichnet für Anfänger, weil sie nicht so rutschig sind wie Lackstäbchen. Natürlich gibt es für besondere Anlässe auch Stäbchen besonderer Art.

Übrigens lieben es Japaner beim Essen hell. Im Westen beliebtes Diner bei Kerzenlicht lässt Japaner kalt. „Warum ist es hier so dunkel, man kann das Essen ja gar nicht sehen", ist eine sehr typische Bemerkung.

Kerzen sind Stiefkinder der japanischen Geselligkeit und eignen sich höchstens für Notfälle, nicht aber als Lichtquelle. Als Lichtquelle über dem Esstisch aber auch im Wohnzimmer finden sich generell Lampen mit Leuchtröhren statt gewohnter westlicher Beleuchtung.

Zu Bier und Sake...

Wenn Bier oder Sake gereicht wird, besteht das Gedeck zuerst nur aus Stäbchen, einem Glas und einer kleinen Vorspeise. Dann erst folgen die anderen Gerichte, Reis und *tsukemono* bilden den Abschluss. In Gesellschaft schenkt man sich grundsätzlich nie selbst ein, das gilt als äußerst unhöflich, so als wolle man sich betrinken. Erstaunlicherweise wird diese Regel nie vergessen, egal wie ausgelassen eine Gesellschaft sein mag.

Auswärts essen

Egal ob man eine japanische Kneipe *(izakaya)* besucht, einen *pabu* (Pub), Nachtclub oder ein Restaurant, es gibt immer erst ein leicht angefeuchtetes Tuch, ein *oshibori,* mit dem sich Frauen die Hände abwischen und Männer meist auch noch das Gesicht. Darauf folgt dann ein Gedeck mit Essstäbchen und ein Schälchen *tsukidashi,* ein Happen zum Sake oder Bier, bevor man die eigentliche Speisekarte anschaut. Besonders geschätzte Gäste werden dabei oft mit einem ausgefallenen Leckerbissen *(chinmi)* verwöhnt.

Auch in Bars gibt es immer eine Kleinigkeit zu essen. Zum Trinken gehört in Japan stets ein kleiner Imbiss. Ohne ein Häppchen fühlt man sich *„kuchi ga samishii“* (dem Mund fehlt etwas).

Spezialitätenrestaurants findet man überall. So gibt es den *sushiya-san,* wo Sashimi und Sushi erhältlich sind, den *yakitoriya-san,* bei dem man Gegrilltes erhält, aber auch Lebersashimi, den *unagiya-san,* der sich auf Aalgerichte spezialisiert, den *tempuraya-san,* der ausschließlich Tempura serviert, und viele andere. Es gibt Lokale, die sich auf *suppon,* eine Art Schildkrötensuppe, spezialisieren und solche, die *kaiseki-ryori* anbieten. Daneben gibt es Nudelrestaurants, die die japanischen Nudelgerichte Soba und Udon servieren und solche, die Nudeln auf chinesische Art neben anderen chinesischen Schnellgerichten anbieten.

Das Anrichten

Gerade beim Anrichten kommt die Unverkennbarkeit japanischer Küche voll zur Geltung. Zahlreiche Begriffe lehnen sich an die Landschaftsmalerei (Sansuiga) an. Beim Anrichten wird in der exquisiten, traditionellen Küche das Gefühl einer Landschaft durch die richtige Anordnung auf dem Geschirr vermittelt. Dabei wird genau wie in der Kunst die überlegene Stellung von ‘rechts’ deutlich. Besonders bei Sashimi wird nach rechts oben hin (also zum rechten, hinteren Tellerrand) alles erhöht angeordnet und flacht zum (linken) vorderen Tellerrand ab, wie ein Wasserfall. Neben der Ästhetik erleichtert diese Anordnung das Essen mit Stäbchen. *nimono* (Eintopfartiges) wird hügelförmig in einer tiefen Schale serviert. Um heiße Speisen temperaturgerecht zu servieren, werden bevorzugt tiefe, irdene Schalen oder entsprechendes Geschirr aus Lackware benutzt. Um das Gefühl „kühl“ zu vermitteln, wird flaches Geschirr oder solches aus Glas gewählt. Daneben spielen die Jahreszeiten eine sehr wichtige Rolle und werden durch einen Fisch oder ein Gemüse der Saison symbolisiert. Außerdem gibt es Geschirr, das die Jahreszeit versinnbildlicht, durch eine Kirschblüte im Frühjahr und ein Ahornblatt im Herbst.

Auch Ziffern sind beim Anrichten bedeutend, und es wird sehr darauf geachtet, dass die Tradition gewahrt wird. Ungerade Zahlen symbolisieren die Sonne und gelten als glücksbringend. Beim Essen werden traditionell 5, 7 oder 9 Speisen gereicht. Beim Anrichten wird auch nach ungeraden Zahlen serviert. Beispielsweise 5 oder 7 Scheiben Sashimi pro Portion. Genaugenommen wird es bei der Zahl 3 aber kompliziert. Die Ziffer 3 wird auf japanisch als *san* oder *mi* ausgesprochen. „Scheibe“ bedeutet *kire.* Unglücklicherweise ist die Befehlsform von ‘schneiden’ auch *kire. mi* bedeutet neben der Ziffer 3 zusätzlich ‘das Selbst’ oder der ‘menschliche Körper’. Das harmlose *sankire* ‘drei Scheiben’ kann so leider auch als *mikire* ‘schneide Dich!’ gedeutet werden. 3 Scheiben zu servieren soll also vermieden werden. Stattdessen darf man 2 Scheiben oder 2 Stück reichen.

Die Zahl 4 *(shi, yon)* ist dagegen eindeutig unheilbringend; zum einen weil es eine gerade Zahl ist, aber vor allem weil *shi* gleichbedeutend mit Tod ist. Beim Geschirr äußert sich diese Vorliebe für ungerade Zahlen darin, dass ein Service aus 5 Teilen besteht.

Das Geschirr

Für Sammler von Geschirr ist Japan ein Paradies. Porzellan, Töpferware und Keramik, Lackware, Glas, Holz und Bambus, sämtliche dieser Materialien dienen zur Herstellung von Essgeschirr. Kleine, große, tiefe und flache Schalen und Schüsseln und Teller warten auf Käufer. Essgeschirr wird in einer überwältigenden Vielfalt der Formen angeboten: rechteckig, quadratisch, oval, fünfeckig, rund, asymmetrisch an einer Seite abgeknickt, und mit kelch- und knospenartigen Rändern. Teller sind flach, gerillt und gewölbt, mit oder ohne Dekoration.

suimono (klare Suppen) werden aus Lackware getrunken, während misosuppe auch aus Holztassen geschlürft wird. Es gibt Teetassen aus Porzellan und Ton. Zu förmlichen Anlässen oder für besondere Gäste wird Tee in ausgewählten Teetassen mit dazupassendem Deckel serviert. Dabei stehen die Teetassen auf einer Holzuntertasse. In gleicher Weise werden auch Suppen und *nimono* (Eintopfartiges) in kleinen individuellen Schalen mit passendem Deckel gereicht. Zum Anrichten von Tempura werden oft kleine lackierte Bambuskörbchen mit oder ohne Henkel gewählt. Sushi beim Sushiya-san wird an der Theke auf rechteckigen Holzbrettern serviert und in Lackschalen, wenn die Gäste an Tischen sitzen.

Japan ist weltweit bekannt als Hersteller feiner Porzellan- und Tonware. Liebhaber der Teezeremonie geben nicht selten einige hundert Mark für eine einzige Teeschale aus. Imari, Kutani, Bizen, Satsuma und Arita sind berühmte Manufakturen.

Küche und Wohnen

Interessanterweise sieht es in heimischen japanischen Küchen meist sehr chaotisch aus. Kisten, Plastiktüten und Behälter stapeln sich oft bis an die Zimmerdecke. Oft muss erst einmal etwas „abgebaut" werden, um etwas zu erreichen. Erklären lässt sich das vielleicht mit den relativ engen Räumlichkeiten. Meiner Ansicht nach hängt es eher mit der Einstellung zum Kochen und Wohnen zusammen. Japanische Küchen sind richtige Gebrauchsräume. Die Fläche wird voll ausgenutzt. Selbst der Fußboden dient zum Abstellen von Gerät und manchmal Reiskocher. In japanischen Küchen wird vor allem ernsthaft gekocht. Es dampft, brodelt, raucht, spritzt, es riecht nach gegrilltem Fisch und Frittiertem, bei *kusaya,* einem sehr aromatischen Fisch, weiß die ganze Nachbarschaft, was es gibt. Küchen dürfen riechen, Küchenduft ist nichts unangenehmes und ölbespritzte Wände und beschlagene Fenster gehören einfach dazu, sie können ja gereinigt werden. Das der Fußboden völlig als Wohn- und manchmal als Arbeitsfläche mit einbezogen ist, hängt mit der Wohnkultur zusammen. Schließlich werden keine Straßenschuhe im Haus getragen, außerdem sitzt oder kauert man sowieso viel auf dem Boden.

Je nach Größe der Küche gibt es heutzutage meist einen westlichen Küchentisch mit Stühlen, an dem gegessen wird. Es ist aber nicht ungewöhnlich für Japaner, auf den Stühlen zu knien statt zu sitzen. Im benachbarten Wohnraum mit *tatami* Matten steht immer ein niedriger Tisch mit Sitzkissen *(za-buton).* Im Winter steht dort ein gemütlicher *kotatsu,* ein niedriger Tisch mit elektrischem Heizelement direkt unter der Tischplatte angebracht. Über die Tischplatte werden Steppdecken gelegt, man setzt sich auf die Sitzkissen, steckt die Beine unter den mollig warmen Tisch, trinkt viel Tee, isst und steht nicht mehr auf.

Viele Japaner scheinen sich auf der Erde einfach wohler zu fühlen. Es ist so einladend, sich einfach ein Sitzkissen zurechtzuknautschen, auf dem Boden zu räkeln und dabei in den Fernseher zu schauen. In der Öffentlichkeit sitzt man allerdings sittsam und aufrecht. Viele Restaurants bieten einen *zashiki,* einen Raum mit *tatami* Matten und Sitzkissen statt Stühlen, und in manchen traditionellen Restaurants gibt es gar keine westlichen Tische und Stühle.

Besondere Anlässe und Feste

Kaiseki-ryori

Die Jahreszeit durch saisonale Zutaten, Farben und Farbkontraste wiederzugeben und den Gast somit zu erfreuen und zu sensibilisieren, ist höchstes Gebot der Kaiseki-Küche. *kaiseki-ryori* ist die hochästhetische, traditionelle Küche mit vielen Gängen, die eigentlich als leichtes Mahl vor dem Einnehmen des Tees in der Teezeremonie gedacht ist. Der Teezeremonie mit leerem Magen beizuwohnen, beeinträchtigt das Erlebnis. Also bereitet sich der Gast mit ein paar schönen Leckerbissen auf den Höhepunkt der Einladung, den Tee, vor. Lassen Sie sich durch das Begriffswirrwarr nicht abhalten. Wörter je nach Anlass durch andere zu ersetzen, ist eine typisch japanische Eigenschaft. Im *kaiseki-ryori* wird jedem Gast auf einem eigenen Tablett der erste Gang serviert. Er besteht aus einer Schale Reis auf der linken Seite und einer Schale Brühe mit Einlage auf der rechten. Dahinter in der Mitte des Tabletts steht eine kleine Schale, meist mit Sashimi, hier *mukozuke* genannt. Man isst abwechselnd Reis und Brühe. Wenn beides verzehrt ist, reicht der Gastgeber Sake, zu dem man *mukozuke* isst. Auf Verlangen wird noch einmal Reis und Brühe nachgereicht. Der nächste Gang heißt *wan-mori.* Die *wan-mori* Schale zum Anrichten von *nimono* (Eintopfartigem) wird mit Deckel gereicht. Beim Abnehmen des Deckels entfaltet sich das Aroma, entsprechend den jahreszeitlichen Zutaten. Anschließend folgt *yakimono* (Gegrilltes). Die bisher gereichten Gerichte werden als *ichijuu to sansai* bezeichnet und bilden die Grundform.

Darauf folgt *shizakana,* ein Happen, der zum Sake passt, oft etwas Eingelegtes *(tsuke-mono)* oder Angemachtes *(ae-mono).* Als nächstes wird *ko-suimono,* ein erfrischender Schluck Brühe, aus *konbu*-Seetang gewonnen, in einer winzigen Suppentasse serviert. Weiter geht es mit *hatsu-sun,* das heißt hier werden Gebirge und Meer mit einer jeweiligen Delikatesse repräsentiert. Abschließend werden auf einem kleinen Tablett *yuto* und *ko-no-mono* serviert. *yuto* bezeichnet einen Schluck Brühe mit ganz leichtem Aroma, gereicht in einer Lackschale. *ko-no-mono* ist gleichbedeutend mit Eingelegtem *(tsuke-no-mono).* Danach erheben sich die Gäste und folgen dem Gastgeber in das Teezimmer.

Die eigentliche Bezeichnung „Kaiseki" findet ihren Ursprung im buddhistischen Zeremoniell. Die buddhistischen Mönche begnügten sich mit Frühstück und Abendessen. Um den knurrenden Magen bis zum Morgen zu betören, war es den Mönchen erlaubt, vor der Nachtruhe noch etwas *kayu* (Reisschleim) zu sich zu nehmen, um den Magen zu besänftigen. Dieser Reisschleim wurde als *yakuseki* bezeichnet, ein Begriff, von dem sich *kaiseki* ableitet.

O-sechi-ryori (Neujahrsfestessen)

o-sechi ryori auch *shogatsu-ryori* genannt, bezeichnet ein ganz besonderes Menü, mit dem das neue Jahr begrüßt wird. *shogatsu* bedeutet Neujahr. Das Neujahrsfest ist eines der wichtigsten Feste des Jahres in Japan. Entsprechend haben von Ende Dezember bis Anfang Januar die meisten Leute Urlaub. Die letzten Tage des Dezembers sind für Firmen relativ unproduktiv, da sogenannten *bonenkai* gefeiert werden, Feste, mit denen man sich von den Ärgernissen des alten Jahres verabschiedet. *bonenkai* finden besonders unter Arbeitskollegen statt, wobei ausgiebig und feuchtfröhlich gefeiert wird.

Für japanische Hausfrauen ist der Dezember ein sehr anstrengender Monat; für das kommende Neujahrsfest muss das Haus hergerichtet und geschmückt werden, es müssen *nenga-jyo* geschrieben werden. Das sind Neujahrskarten an Kollegen, Vorgesetzte, Familie und Freunde, die am *gantan,* dem Neujahrstag ausgetragen werden.

Vor allem muss jedoch vorgekocht werden. In Japan machen selbst die Hausfrauen über Neujahr eine kleine Pause. *o-sechi-ryori* wird im Voraus zubereitet, hält sich einige Tage und wird kalt gegessen. Traditionelles *o-sechi-ryori* ist fleischlos und wird üblicherweise in sogenannten *jubako* serviert. Das sind aus schwarzer oder roter Lackware hergestellte Behälter. Viele der einzelnen Speisen haben symbolischen Charakter. Die drei wichtigsten, die in jeder Familie gereicht werden, sind *kuromame, kazunoko* und *tazukuri.* Am Neujahrstag wird *o-zoni,* eine Brühe, frisch zubereitet.

kuromame (kuro = schwarz, mame = Bohne), eingekochte schwarze Bohnen, stehen für den Wunsch, das neue Jahr gewissenhaft und in bester Gesundheit zu verbringen. *tazukuri,* eingekochte kleine Fische, repräsentieren den Wunsch nach ertragreicher Ernte. *kazunoko,* Heringsrogen, schmeckt knackig und symbolisiert den Wunsch nach Erfolg und Wohlstand für Kinder und Kindeskinder. Daneben wird *kohaku-namasu,* eine Speise aus rohem Rettich und rohen Mohrrüben, gereicht, die den Gaumen erfrischt und gleichzeitig die Glücksfarben rot und weiß vertritt. Garnelen mit ihrer roten Farbe und ihrer sich biegenden Form verkörpern den Willen zum langen Leben. *o-zoni* ist eine Suppe mit *mochi. mochi* dürfen beim Neujahrsfest nicht fehlen. Sie werden aus Mochireismehl hergestellt und sind eine Art Kloß. Gekochter Mochireis zeichnet sich durch seine Klebrigkeit aus. Mochireismehl wird auch bei der Herstellung verschiedener japanischer Süßigkeiten verwendet.

Zum Neujahrsfest werden die Häuser bzw. Eingangstüren von Wohnungen nach Shintobrauch mit *shimenawa* (eine Art heilige Schnur, die den Bereich für die Götter symbolisiert), Nadelbaumzweig, Bambus und *dai-dai* (eine bittere Orangenart) dekoriert. Drei Riesenmochiklöße unterschiedlicher Größe werden pyramidenartig aufeinandergesetzt und im Haus zusammen mit *dai-dai* zur Dekoration aufgestellt. Diese Mochi sind wirklich schwer!

Silvester *(o-miso-ka)* wird meist im Kreise der Familie gefeiert. Der Übergang vom alten zum neuen Jahr wird von buddhistischen sowie Shintobräuchen geprägt. Kurz vor Mitternacht ertönen durch ganz Japan die buddhistischen Tempelglocken, um die Menschen von ihren 108 Sünden zu befreien. Das Fernsehen überträgt diese Zeremonie direkt vom Horyuji Tempel in Nara, einem der ältesten Tempel Japans. Während die Glocken mit einem sehr schweren, langen Holzbalken angestoßen werden und durch ganz Japan dröhnen, wird zu Hause *toshikoshi-soba* gegessen, um das Jahr gut zu überbrücken. *toshikoshi-soba* sind sehr lange Buchweizennudeln und helfen die Schwelle zum neuen Jahr gefahrlos zu überschreiten. *toshi-koshi* bedeutet wörtlich, das Jahr überschreiten. Man wünscht sich *akemashite, omedeto gozaimasu,* Frohes Neujahr. Hunderttausende von Menschen begeben sich dann in den frühen Morgenstunden vor Sonnenaufgang zum Shintoschrein. Dieser Brauch wird *hatsumode* genannt, der erste Schreinbesuch des Jahres. Je früher man zum Schrein gelangt, desto erfolgreicher soll das Jahr werden. Ein altes Sprichwort besagt: „*haya-oki wa sanmon no toku*" und lässt sich in etwa wie folgt übersetzen: „Frühaufsteher werden extra belohnt!" Zu diesem festlichen Anlass sieht man sehr viele in Kimono gekleidete Menschen. Vor dem bekanntesten Shintoschrein in Tokio, dem Meiji-Jingu, drängen sich in den frühen Morgenstunden des ersten Januar mindestens eine halbe Million Besucher. Aber *hatsumode* ist ein sehr heiterer, freudiger Brauch, und die Stimmung ist fröhlich und ausgelassen und doch geheimnisvoll. Einmal direkt vor dem Altar angekommen, wird reichlich gespendet, und die *kamisama,* die Götter, werden um ein gutes, erfolgreiches Jahr gebeten.

Die wichtigsten Grundzutaten

Shoyu (Sojasauce): Wird aus Sojabohnen, Wasser, Weizen und Salz im Gärungsprozess hergestellt. Die beste Sojasauce ist die auf natürliche Weise gegärte. Besonders feine Sojasauce wird ausschließlich aus Sojabohnen hergestellt und ist teurer. In Japan gibt es eine sehr umfangreiche Auswahl verschiedener Sorten und ebenso viele Hersteller. Für den kaiserlichen Haushalt wird bei einem bekannten Hersteller gesondert gebraut. Eine Flasche dunkle Sojasauce steht in jeder Küche für alle Zwecke bereit und oft eine helle. Sie unterscheiden sich durch die Farbe und den Salzgehalt. Helle *(usuguchi)* Sojasauce ist salziger und wird für helle Suppen und Tofugerichte verwendet. Die dunklere heißt *koiguchi*. In der Regel kommt man mit der dunklen Sojasauce ohne weiteres aus. Zusätzlich ist Sojasauce mit reduziertem Salzgehalt erhältlich, die jedoch geschmacklich minderwertiger ist. Chinesische Sojasauce eignet sich wegen ihres andersartigen Geschmacks nicht für die japanische Küche. Bleibt nur noch hinzuzufügen, dass Japaner ohne Sojasauce nicht existieren können, also im Zweifel immer ein Tröpfchen mehr...

Su (Reisessig): Milder als normaler Essig. Weißer Essig kann verwendet werden, nach Bedarf etwas Wasser hinzufügen. Rotweinessig oder aromatische Essige eignen sich nicht. Im Handel ist gewürzter japanischer Essig für Sushireis zwar erhältlich, doch einfacher Essig ist empfehlenswerter, um die Gerichte nach eigenem Geschmack würzen zu können.

Sake: Ein Schuss Reiswein macht Fleisch zart, mindert starken Geruch und gibt Suppen und anderen Gerichten ein angenehmes Aroma. Natürlich auch zum Trinken!

Mirin (Süßer Reiswein): Wird heutzutage ausschließlich für Kochzwecke wie zum Glasieren in Gerichten wie Teriyaki gebraucht. Eventuell kann man sich (besonders als Europäer) mit Zucker in Sake aufgelöst, behelfen.

Abura (Öl): Zum Sautieren, Anbraten, Schmoren und Frittieren eignet sich Pflanzenöl. Sesamöl *(goma-abura)* wird wegen seines Aromas in Salatsaucen und zum Schmoren sehr geschätzt. Ein paar Tropfen geben Speisen ein „fernöstliches" Flair. Japanisches Sesamöl wird aus geröstetem Sesam gewonnen. Olivenöl ist wegen seines ausgeprägten Geschmacks ungeeignet.

Dashi (Brühe): Wird entweder aus getrockneten Bonitenfischflocken und *konbu* (Seetang) hergestellt oder aus *konbu* allein. *dashi* dient als eine der wesentlichen und typisch japanischen Grundzutaten für Suppen, Angemachtes, Eintopfgerichte, Gedünstetes usw. *dashi* ist nicht aus der japanischen Küche wegzudenken und eigentlich durch nichts zu ersetzen. Zusätzlich wird *dashi* auch aus *niboshi,* kleinen getrockneten Sardinen, hergestellt. Geschmacklich eignet sich dieser *dashi* jedoch nur zu „robusteren" Gerichten. *dashi* ist schnell selbst herzustellen, ist aber auch im Handel als *dashi* Konzentrat erhältlich.

Katsuobushi (Bonitenflocken): Werden aus getrocknetem Boniten *(katsuo),* eine Blaufischart, zur *dashi* Bereitung verwendet, aber auch über Gemüse und Tofu (Sojabohnenquark) gestreut. Gewürzmischungen, die über Reis gestreut werden, *(furikake)* enthalten oft Bonitenflocken. Die Flocken werden auch *katsuo no kezuri bushi* genannt.

Konbu (Seetang): Wird zur *dashi* Bereitung verwendet, allein oder in Kombination mit Bonitenflocken.

Nori (Seetang): Wird getrocknet, gewürzt und geröstet und zu hauchdünnen, pergamentpapierartigen Scheiben verarbeitet. Wird zum Einwickeln von Sushi und *o-musubi* benutzt. Schmackhaft auch in ganz dünnen Streifen über Reis oder Nudeln gestreut. Teil von Gewürzmischungen *(furikake).*

Wakame (Seetang): Dient als Suppeneinlage. Klassisch in misosuppe mit Tofu. Wird auch mit Essig angemacht in *su-no-mono* gereicht und zum Anrichten von Sushi.

Miso (Paste aus gegärten Sojabohnen, Salz und Weizen): Wird zum Würzen von Suppen, Meeresfrüchten, Fleisch und Gemüse benutzt. Es gibt rotes und weißes *miso.* Der Salzgehalt ist je nach Art und Herkunftsort sehr unterschiedlich. Sparsam verwenden! *miso* wird zusammen mit Zutaten wie Essig oder Sesam unter Zufügen von Zucker und Sake zu verschiedenen Beizen verrührt.

Shiitake: Diese Pilze sind sehr aromatisch und werden frisch oder getrocknet angeboten. Getrocknete Shiitake Pilze lässt man vor Gebrauch ca. zwanzig Minuten in lauwarmem Wasser einweichen. Shiitake Pilze sind geschmacklich nur schwer durch Champignons zu ersetzen. Das Einweichwasser wird oft Eintöpfen zugegeben.

Kome (Reis): Japanischer Reis zeichnet sich durch seine Klebrigkeit aus. Diese Eigenschaft ist ganz besonders wichtig beim Sushi. Zum japanischen Menü sollte man auf jeden Fall japanischen Reis reichen. *mochi-kome* ist eine besondere Reissorte, die vorwiegend zu *mochi* Klößen und japanischen Süssigkeiten *(wagashi)* verarbeitet wird.

Wasabi (Japanischer Meerrettich): Wird zu Sushi und Sashimi als Würze gereicht und ist sehr scharf!

Shoga (Ingwer): Wird nur frisch benutzt, entweder gerieben oder gehackt und vielseitig verwendet. Eingelegter Ingwer wird auch als Würze zu Sushi und Sashimi gereicht.

Togarashi: Scharfe japanische rote Pfefferschote.

Goma (Sesam): Weißer und schwarzer Sesam finden breite Anwendung geröstet oder ungeröstet und sind gegenseitig austauschbar.

Sansho (Pfeffer): Milder als herkömmlicher Pfeffer.

Neben diesem Grundstock gibt es etliche andere Zutaten, die in der japanischen Küche benutzt werden, aber nicht immer ohne weiteres erhältlich sind. *konnyaku* und *shirataki* Nudeln sind Bestandteil von Eintöpfen *(nimono)* bzw. *nabe-mono* (Fondue-ähnliches). *konnyaku* ist eine gallertartige Masse, die aus der Stärke einer taroartigen Kartoffel gewonnen wird.

Sofern nicht anders angegeben, sind alle Rezepte für vier Personen berechnet. Bei der Zubereitung eines japanischen Menüs ist zu beachten, dass immer eine Auswahl verschiedener Speisen gereicht wird und jedes einzelne Gericht deshalb aus relativ kleinen Portionen besteht.

Alle Rezepte sind nachkochbar. Die Lebensmittelabteilungen renommierter Kaufhäuser bieten eine gut sortierte Auswahl an Fisch- und Meeresfrüchten und Gemüse. Zusätzlich sind japanische Zutaten und Würzen in Asienläden erhältlich. Auch Bioläden bieten manchmal eine Auswahl japanischer Produkte an.

Shirumono (Brühe und Suppen)

汁物

Dashi (Japanische Brühe)

Eine der wichtigsten Grundzutaten der japanischen Küche. *dashi* wird entweder aus *konbu* oder aus *konbu* und *katsuo* Flocken gewonnen. Daneben gibt es auch noch *dashi* aus *niboshi,* kleinen getrockneten Sardinen. *dashi* bildet die Grundlage aller Suppen, Nabemono, Eintöpfen und vielem anderen. Seine Anwendung kennt keine Grenzen. *dashi* ist einzigartig und kann eigentlich nicht ersetzt werden.

Als eine der Hauptregeln der japanischen Küche gilt, Verschwendung vorzubeugen. In der japanischen Küche werden Zutaten so gut es geht weiterverarbeitet. Deshalb wird *konbu* nach der *dashi* Zubereitung zu *tsukudani* eingekocht. Das Rezept dafür finden Sie unter *nimono.*

Konbu-dashi

1200 ml Wasser
einen 30 cm langen Streifen *konbu*

1. Den getrockneten *konbu*-Streifen einige Male einschneiden, damit die Säfte gut auslaufen.
2. Den *konbu*-Streifen 3-4 Stunden im Wasser einweichen. Das ergibt sehr kräftigen *dashi.* Er kann jetzt weiterverwendet werden. *konbu-dashi* verwendet man zu Suppen, Saucen und in Nudelgerichten. Im Kühlschrank aufbewahrt, hält sich *dashi* einige Tage.

Schnelle Methode:
Eine schnellere Methode zur *dashi*-Gewinnung lautet wie folgt:

1. Den *konbu*-Streifen und Wasser in einen Kochtopf geben und ca. 30 Minuten einweichen lassen.
2. Den eingeweichten *konbu* und Wasser auf niedriger Stufe zum Kochen bringen. Sobald es zu brodeln beginnt, den Kochtopf von der Flamme nehmen und den *konbu* entfernen. Wenn *konbu* lange kocht, wird der *dashi* etwas bitter.

Ichiban-dashi (*dashi* aus *konbu* und *katsuo-bushi*)

Dieser *dashi* hat einen sehr ausgeprägten, kräftigen Geschmack und stellt die Grundlage von *suimono* dar. Nach Bedarf kann die Menge verdoppelt und im Kühlschrank aufbewahrt werden.

800 ml Wasser
ein 20 x 20 cm großes Stück *konbu*
30 g Bonitenflocken

1. Mit einem leicht angefeuchteten Papiertuch den *konbu* sanft abtupfen, um Staub zu entfernen. Nicht zu stark reiben, denn sonst gehen die Geschmacksstoffe verloren.
2. Den *konbu*-Streifen zwei- bis dreimal einritzen, damit die Säfte gut auslaufen.
3. Das Wasser in einen Topf füllen, den *konbu*-Streifen hineingeben und bei mittlerer Temperatur erhitzen. Bevor das Wasser anfängt zu kochen, den *konbu* entfernen, sonst wird der *dashi* bitter.
4. Als nächstes die Bonitenflocken in den *dashi* geben und aufkochen lassen.
5. Vom Herd nehmen und abkühlen lassen, bis sich die Bonitenflocken setzen.
6. Ein Sieb mit einem sauberen Leinen ausdecken und den *dashi* durchlaufen lassen.

Die Fischflocken und den *konbu*-Streifen können Sie zum zweiten Aufguss benutzen, um *niban*-dashi zu gewinnen, der etwas milder ist. Dazu werden die Fischflocken und der *konbu*-Streifen des *ichiban-dashi* nochmals mit der Hälfte der Wassermenge von *ichiban-dashi* aufgesetzt. Bevor das Wasser zu sieden beginnt, den *konbu* entfernen, den *dashi* noch 5 Minuten auf mittlerer Flamme weiterköcheln lassen, dann durch ein Sieb gießen. *niban-dashi* eignet sich besonders für Miso-Suppe, Salate und zum Dünsten von Gemüse, keinesfalls aber für *suimono.*

Niboshi no dashi (*dashi* aus kleinen getrockneten Sardinen)

Dieser *dashi* ist robuster und eignet sich für Miso-Suppen und zum Schmoren von Fleisch, Fisch und Meeresfrüchten.

Mit einem Schälmesser die Köpfe von 12-15 Sardinen entfernen. Wie *ichiban-dashi* verarbeiten.

Grundrezept für Miso-Suppe

miso ist eine der Grundzutaten der japanischen Küche und in verschiedenen Arten erhältlich. Grundsätzlich unterscheidet man zwischen weißem *miso* und rotem *miso*. In Kansai (Westjapan) bevorzugt man *shiromiso*, weißes *miso*, während in Kanto (Ostjapan) das salzigere *akamiso*, rotes *miso*, beliebt ist. Nach eigener Vorliebe kann weißes und rotes *miso* vermischt werden. Misosorten sind sehr unterschiedlich in ihrem Salzgehalt und deshalb hält man das *miso* anfangs am besten etwas knapper als angegeben und schmeckt anschließend ab. Nach Bedarf kann man noch etwas hinzufügen (vor dem Servieren). Das *miso* kann man mit etwas *dashi* oder Wasser in einer Schale glattrühren und dann in den heißen *dashi* geben, oder durch eine feine Schaumkelle direkt in den *dashi* rühren. Wichtig ist, dass keine Klumpen entstehen. Miso-Suppe gehört zu den typischen Standards der Hausfrau und steht stellvertretend für das „*fukuro no aji*“ (wie bei Muttern). Aufgewärmte Miso-Suppe schmeckt nicht. Dieses ist bei der Herstellung und der Mengenberechnung zu berücksichtigen.

800 ml *dashi*
1 Stück Tofu
1 knappen EL frischen oder getrockneten *wakame*
3-4 EL rotes *miso*
fein gehackte Frühlingszwiebeln

1. Frischen *wakame* unter fließendem, kalten Wasser gut spülen, um ihn vom Salz zu befreien und anschließend einige Minuten in einer Schüssel mit kaltem Wasser weich werden lassen. Getrockneten *wakame*, je nach Art, etwa 5-10 Minuten lang in einer Schüssel mit kaltem Wasser quellen lassen.
2. *dashi* zum Kochen bringen. In einer kleinen Schale *miso* mit etwas kaltem *dashi* oder Wasser glattrühren und dem kochenden *dashi* zufügen.
3. Tofu und *wakame* sofort hineingeben und kurz (!) zum Kochen bringen. *miso* darf nicht brodeln. Vom Feuer nehmen, in kleine Suppenschälchen füllen, mit gehackten Frühlingszwiebeln bestreuen und servieren.

Tipp: Falls *dashi*-Konzentrat verwendet wird, benutzt man Wasser. Das *dashi*-Konzentrat wird ganz zum Schluss in die Miso-Suppe gegeben. 1 gestrichener Teelöffel reicht für einen knappen Liter.

Variante: Statt Wakame und Tofu, Zwiebeln und Aubergine als Einlage nehmen. Einlagen lassen sich nach Vorrat und Jahreszeit variieren.

Miso-Suppe mit Venusmuscheln

8 Venusmuscheln
800 ml *konbu-dashi*
3 1/2 EL rotes *miso*
eine Frühlingszwiebel, nur das Grüne, fein gehackt

1. Venusmuscheln etwa 4-6 Stunden lang in leicht gesalzenem Wasser liegen lassen, um den Sand zu entfernen. Anschließend einzeln mit einer Bürste vorsichtig säubern.
2. Venusmuscheln in einen Kochtopf geben, mit *dashi* begießen und auf mittlerer Flamme kochen lassen, bis sich die Muscheln öffnen. Schaum zwischendurch abschöpfen.
3. *miso* mit etwas *dashi* glattrühren, in die Muschelsuppe geben und leicht aufkochen lassen. In kleine Schälchen füllen, mit Frühlingszwiebeln bestreuen und servieren.

Miso-Suppe mit Kartoffeln und grünem Spargel

8 kleine neue Karoffeln
6 Stangen grüner Spargel (Farbkontrast) oder grüne Bohnen
4 EL weißes *miso*
900 ml *dashi*

1. Den Spargel putzen und in 1 cm lange Stücke schneiden. Die Kartoffeln schälen.
2. *dashi* zum Kochen bringen und Kartoffeln im *dashi* garen lassen. Spargel hinzufügen und bissfest garen.
3. *miso* durch einen feinen Schaumlöffel in den *dashi* rühren und kurz erhitzen, aber nicht zum Kochen bringen.
4. Spargel und Kartoffeln auf vier Suppentassen verteilen und mit Miso-Suppe auffüllen.

Sumashi-jiru/Suimono (Klare Suppen)

sumashi-jiru, auch *suimono* genannt, sind klare Brühen, die ganz besonders auf guten, kräftigen *ichiban-dashi* angewiesen sind. Man sollte also bei der *dashi*-Zubereitung mit *konbu* und Bonitenflocken keinesfalls geizen, sonst schmeckt das *sumashi-jiru* fade. *sumashi-jiru* wird mit etwas Sake, Zucker, Salz und Sojasauce abgeschmeckt. *sumashi-jiru* soll vor allem ein Gefühl für die jeweilige Jahreszeit vermitteln und optisch ansprechend sein. Einlage und Dekoration werden sparsam gehalten und die Suppenschale wird zu knapp dreiviertel gefüllt.

Sumashi-jiru mit Hühnerfleisch und Kresse

sumashi-jiru soll durch Schönheit bestechen. Um die leichte, klare Brühe attraktiv zu gestalten ist farblicher und geschmacklicher Kontrast von besonderer Wichtigkeit. Oft wird hier als i-Tüpfel *kazarifu* benutzt. *kazarifu* (kazaru = garnieren, fu = Gluten) sind kleine, bunte, essbare, aus Gluten gewonnene „Murmeln" zum Garnieren in Suppen. Sie dürfen weggelassen werden, denn sie sind im Westen nur schwer erhältlich.

100 g Hühnerbrustfilet
Kresse (oder Kaiwaresprossen)
Kazarifu (zur Dekoration, falls erhältlich)
Mondamin
eine Prise Salz
1 TL Sojasauce
1/2 TL Salz
eine Prise Zucker
1000 ml *dashi*

1. Das entsehnte Hühnerfleisch mit einem schräg gehaltenen Messer in hauchdünne Scheibchen schneiden und leicht mit etwas Mondamin bestäuben.
2. Wasser in einem Kochtopf zum Sieden bringen, Salz zugeben und das Hühnerfleisch darin garen lassen. Mit einem Schaumlöffel herausnehmen, abtropfen lassen und überschüssiges Wasser leicht mit Küchenkrepp abtupfen.
3. Kresse putzen und in 3 cm lange Streifen schneiden.
4. *dashi* in einem Kochtopf erhitzen, Zucker, 1/2 TL Salz und Sojasauce hinzufügen. Anschließend das *kazarifu* darin noch drei Minuten erhitzen.
4. Hühnerfleisch und Kresse auf vier Suppentassen verteilen und mit gewürztem *dashi* auffüllen.

Sumashi-jiru mit Garnelen und Shiitakepilzen

4 Garnelen
4 frische Shiitakepilze
Kresse (oder Kaiwaresprossen) zum Garnieren
etwas Zitronenschale, in dünne Streifchen geschnitten, zum Garnieren
100 ml Wasser
einen Schuss Sake
eine Prise Salz
800 ml *dashi*
1 knappen TL Zucker
1/2 TL Salz
1/4 TL Sojasauce

1. Die Garnelen bis auf den Schwanz ausschälen und mit einem spitzen Zahnstocher oder Bambusspieß den schwarzen Darm entlang der Rückenseite entfernen.
2. 100 ml Wasser, einen Schuss Sake und eine Prise Salz in einen Kochtopf geben, aufkochen lassen, die Garnelen hineingeben und ca. 1 Minute blanchieren, bis sie sich rot verfärben
3. Garnelen mit einer Schaumkelle herausheben und mit kaltem Wasser abschrecken.
4. Shiitakepilze vom Stil befreien, die Pilzkappe mit einem Messer dekorativ einritzen. (Nur die Pilzkappen werden verwendet.)
5. Kresse in 3 cm lange Stücke schneiden.
6. Den *dashi* erhitzen, Zucker und Salz hinzugeben und mit etwas Sojasauce abschmecken. Shiitakepilze dazugeben und kurz aufwärmen lassen.
7. In jede Suppenschale eine Garnele und etwas Kresse geben und mit *dashi* auffüllen.
8. Zum Schluss mit etwas Zitronenschale garnieren.

Tori-dori-jiru (Kraftbrühe mit Huhn)

Eine kräftige Brühe mit Huhn, Kartoffeln, Mohrrüben und grünen Bohnen für kalte Tage. Sie wird mit anderen Gerichten und nicht allein serviert! Bis auf *dashi* andelt es sich um vertraute Zutaten.

100 g Hühnerfleisch
1 große Kartoffel
1 mittelgroße Mohrrübe
12 grüne Bohnen
1 EL Sojasauce
1/2 TL Salz
2 EL Sake
3 EL Öl
1000 ml *dashi*

1. Hühnerfleisch in 2 cm große Stückchen schneiden.
2. Kartoffel und Mohrrübe putzen, in sehr dünne Scheiben schneiden und halbieren, um Halbmonde zu erhalten.
3. Grüne Bohnen putzen und schräg in 2 cm lange Stücke schneiden.
4. Hühnerfleisch kurz in heißem Öl anbraten, Kartoffel und Mohrrübe dazugeben und zuletzt die grünen Bohnen mit anbraten.
5. Mit *dashi* auffüllen und garen lassen.
6. Zum Schluss mit Sake, Sojasauce und Salz abschmecken und auf vier Suppentassen verteilen.

Nimono (Gekochte Speisen, Eintopfartiges)

煮もの

Es gibt endlose Variationen bei Eingekochtem auf japanische Art. *nimono* gelten als typische japanische Hausmannskost *(katei-ryori)* und sind relativ unkompliziert in der Zubereitung.

Als Kochflüssigkeit beim *nimono* wird entweder Wasser oder *dashi* benutzt. Fisch, Fleisch und Gemüse eignen sich als Zutaten. Je nach Variante werden manche *nimono* nur in Flüssigkeit gegart, andere dagegen werden erst angebraten oder frittiert und dann mit *dashi* oder Wasser abgelöscht und weitergekocht. Nach Belieben wird die Flüssigkeitsmenge reduziert oder gesteigert, um deftigere oder leichtere Eintöpfe zu kreieren.

Zu den Grundregeln japanischer *nimono* gehört, die Garzeit knapp zu halten um die Zutaten nicht zu zerkochen oder zerfallen zu lassen. Dazu bedient man sich verschiedener raffinierter Schneidetechniken, um das Garen zu beschleunigen. So wird beispielsweise in dicke Scheiben geschnittener *daikon*-Rettich auf der Unterseite kreuzförmig eingeritzt, damit die Kochflüssigkeit besser hineintreten kann, während die Oberfläche von Einschnitten unversehrt und optisch einwandfrei bleibt. Ähnlich werden Auberginen dekorativ der Länge nach eingeritzt, um die Kochzeit zu reduzieren. In kleinere Stücke geschnittene Gemüse wie *daikon,* Kartoffeln oder Kürbis werden zusätzlich an den Ecken abgerundet (größere „Angriffsfläche“ für die Flüssigkeit) und sehen fast aus wie geschliffene Edelsteine. Nach Zufügen der Kochflüssigkeit wird das *nimono* nicht mehr gewendet oder mit einem Löffel umgerührt. Das gilt ganz besonders für Kochfisch, der sonst sehr leicht zerfällt und unansehnlich wird.

Das Ungewöhnliche bei *nimono* ist ein kleiner Holzdeckel *(otoshibuta),* der im Durchmesser kleiner ist als der Kochtopf und direkt auf den Eintopf gelegt wird. Dieser Deckel hat den Zweck, die Zutaten im eigenen Saft garen zu lassen. Wenn Sie keinen Holzdeckel haben, benutzen Sie einfach einen kleinen, einfachen Deckel oder legen einen aus Alufolie geformten Deckel, mit kleinem Loch in der Mitte zum Entweichen des Dampfes, auf.

Der Trick bei Eintöpfen mit unterschiedlichen Zutaten ist, die Zutaten mit längerer Garzeit zur Mitte hin anzuordnen und die kürzer kochenden zum Topfrand zu geben. Generell werden größere, flache Kochöpfe benutzt.

Beim Würzen von *nimono* gilt das Sprichwort: *„sa, shi, su, se, so“*. Zucker, Salz, Essig, Sojasauce und *miso* werden in dieser Reihenfolge in den Eintopf gegeben. Oft wird die Sojasauce in zwei Teilen hinzugegeben, um besser Abschmecken zu können. Die meisten der japanischen Eintöpfe sind leicht mit Zucker und *mirin* gesüßt.

Bevor der Deckel aufgelegt wird, muss eventuell vorhandener Schaum abgeschöpft werden.

nimono werden hügelförmig auf dem Teller angerichtet und anschließend mit Lauchzwiebel, Ingwer, Senf oder Sesam garniert. Zum Garnieren wird das Grüne der Lauchzwiebel geringelt und das Weiße, ebenso wie frischer Ingwer, in feine Fäden geschnitten.

Nikujaga (Rindfleischeintopf mit Kartoffeln)

Dieser beliebte Eintopf beweist, dass man nicht unbedingt exotische Zutaten benötigt. Sollte die Fleischmenge zu gering erscheinen, kann diese nach Belieben großzügiger berechnet werden, dann wird eine zusätzliche Zwiebel benötigt. Wichtig ist, dass das Fleisch in ganz dünne Scheibchen geschnitten wird, dadurch wird weniger Fleisch verbraucht. Dazu gibt es Reis und eine Suppe.

500 g Kartoffeln
300 g Rindfleisch, etwas durchwachsen (in ganz dünne Scheiben geschnitten)
1 große Zwiebel, geachtelt
1 EL Öl zum Schmoren

Für die Brühe:
600-700 ml *dashi*
3 EL Sake
3-4 EL Zucker
1 EL *mirin*
5 EL Sojasauce

Zum Garnieren:
2 Lauchzwiebeln, nur das Weiße, in sehr feine Streifen geschnitten

1. Kartoffeln putzen und in mundgerechte Stücke schneiden.
2. Das Rindfleisch in hauchdünne Scheiben schneiden. Das geht am besten, wenn das Fleisch leicht angefroren ist. Sollten die Scheiben sehr groß sein, noch einmal in mundgerechte Stücke schneiden. Am Tisch stehen nur Essstäbchen zur Verfügung!
3. Das Weiße von zwei Lauchzwiebeln vom grünen Teil abtrennen und in sehr feine, lange Fäden schneiden, kurz in Eiswasser erfrischen und gut abtropfen lassen.
4. Einen größeren Kochtopf erhitzen, Öl hineingeben und heiß werden lassen.
5. Das Fleisch in das heiße (!) Öl geben und kurz anbräunen.
6. Kartoffeln hinzufügen und mit anbraten.
7. Mit *dashi* auffüllen. Anschließend Sake, Zucker und *mirin* dazugeben.
8. Die Hälfte der Sojasauce hineingeben und alles bei starker Hitze aufkochen lassen.
9. Schaum abschöpfen.
10. Einen *otoshibuta* aufsetzen und auf mittlerer Flamme 5-6 Minuten köcheln lassen. (Die Garzeit von *nimono* ist kürzer als bei deutschen Eintöpfen.)
11. Den Rest Sojasauce hinzufügen und bedeckt ca. 5 Minuten weiterkochen lassen. Abschmecken und von der Flamme nehmen. Die Gemüse im *nimono* sollen gar, aber nicht zu weich sein.
12. Fleisch und Kartoffeln hügelförmig in vier kleine Schalen geben und mit etwas Sud beträufeln. Die einzelnen Portionen etwas knapper halten, lieber nachreichen.
13. Mit Lauchzwiebel bestreuen.

Tipps:
1. Schweinefleisch kann Rindfleisch ersetzen.
2. Das heiße Öl mit etwas gehacktem, frischem Ingwer aromatisieren, also kurz anbraten, bevor das Fleisch zugegeben wird.
3. Separat in Salzwasser blanchierte Zuckerschoten kalt abschrecken und zum Garnieren benutzen.

Gyuniku no shoga-ni (Rindfleisch mit Ingwer)

Ein herzhaftes Gericht, welches relativ schnell mit leicht erhältlichen Zutaten zubereitet werden kann. Hierbei wird kein zusätzliches Fett benötigt. Kalt passt dieses Gericht sehr gut zu warmem Sake.

300 g Rindfleisch, etwas durchwachsen
30 g frischen Ingwer
70 ml Sake
3 EL *mirin*
2 1/2 EL Sojasauce
1/2 EL Zucker
1 TL eingelegter Ingwer *(amazu-joga,* wie bei Sushi)

1. Rindfleisch wie oben beschrieben in hauchdünne Scheiben und mundgerechte Stücke schneiden.
2. Frischen und eingelegten Ingwer in sehr dünne, lange Fäden schneiden.
3. Sake, 2 EL *mirin,* Zucker, Sojasauce, Rindfleisch und die Hälfte des frischen Ingwers in einen Topf geben und aufkochen lassen.
4. Schaum abschöpfen, die Flamme kleinstellen und die Flüssigkeit fast restlos einkochen lassen. Darauf achten, dass nichts anbrennt. Sojasauce in Kombination mit Zucker oder *mirin* brennt leicht an.
5. Vor dem Ausschalten der Flamme den restlichen EL *mirin* untermischen, um das Fleisch zu glasieren.
6. Rindfleisch hügelförmig auf vier Teller verteilen und mit dem restlichen Ingwer garnieren.

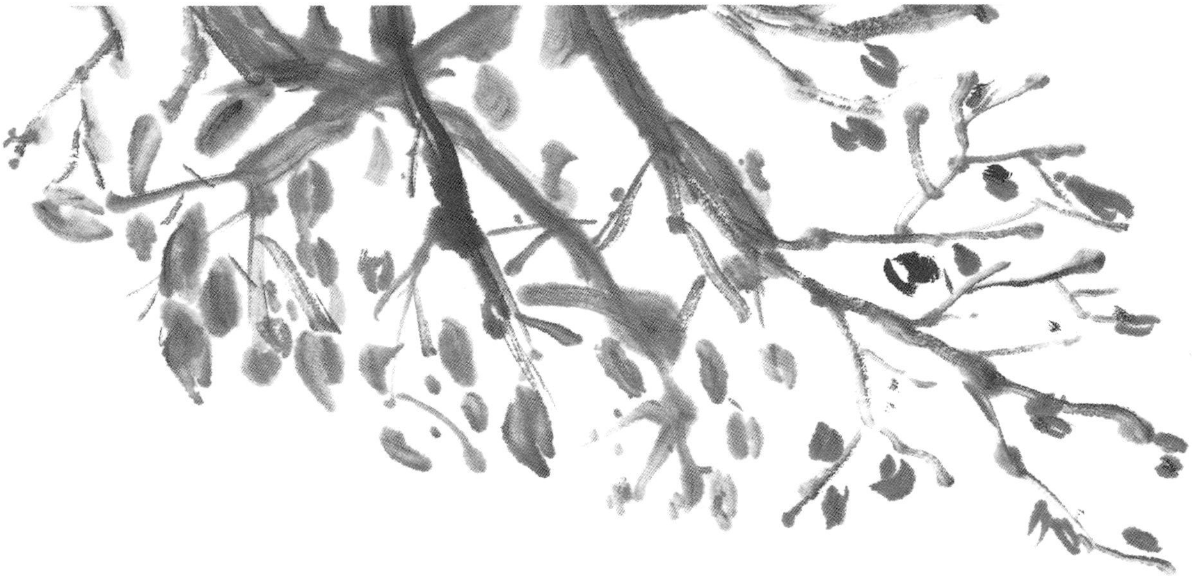

Nimono mit neuen Kartoffeln und Fleischklößchen vom Huhn

In Japan wird neben Rind- und Schweinefleisch auch Hühnerfleisch zu Hackfleisch verarbeitet. Daraus lassen sich wie unten angegeben Fleischbällchen herstellen. Das Hühnerhack soll sehr fein sein. Beim Metzger dieses am besten zweimal durch den Fleischwolf drehen lassen.

500 g neue Kartoffeln
700 ml *dashi* (aus *konbu* und Bonitenflocken)
1 1/2 TL Sake
1 TL Zucker
6 EL *mirin*
3 EL Sojasauce
Petersilie zum Garnieren

Für die Fleischklößchen:
300 g Hackfleisch von der Hühnerbrust
1/2 Ei
1/2 Zwiebel
1 TL Zucker
1 TL Sake
1 TL Sojasauce

1. Kartoffeln schälen, abspülen und abtropfen lassen.
2. Die Zwiebel reiben.
3. Das Ei in einer kleinen Schale leicht verquirlen.
4. Zwiebel, Ei, Zucker, Sake und Sojasauce zum Hühnerhack geben und gut durchkneten.
5. Hände mit Wasser benetzen, damit das Hack nicht anhaftet, und kleine walnussgroße Fleischklößchen formen.
6. Reichlich Wasser zum Kochen bringen und die Fleischklößchen kurz hineingeben und blanchieren, bis sie sich weiß färben. Mit einer Schaumkelle sofort herausheben und in einem Sieb gut abtropfen lassen.
7. Kartoffeln zusammen mit *dashi*, Sake, *mirin* und 2 EL Sojasauce in einen Topf geben und zum Kochen bringen. Einen *otoshibuta* direkt auf die Zutaten legen. Bei mittlerer Hitze garen.
8. Die Fleischklößchen zu den Kartoffeln geben und alles zusammen weiterkochen lassen, bis die Flüssigkeit auf einen Fingerbreit eingekocht ist.
7. Auf vier Teller verteilen und mit Petersilie garnieren.

Tori-no Teri-ni (Hühnchen glasiert)

Nicht *teri-yaki* (gegrillt) sondern *teri-ni* (eingekocht). Hühnerschenkel sind besonders gut, weil sie saftiger als Brustfleisch und im Gegensatz zu den Keulen sehnenfrei sind. Die Schenkel sind der Teil oberhalb der Keulen. Entweder lässt man sich beim Metzger die Hühnerschenkel abtrennen oder man tut es selbst. Hierzu braucht man dann zwei ganze Hühner. Wem das zu kompliziert wird, der nimmt ganz einfach Brustfleisch, belässt aber auf jeden Fall die Haut daran.

4 Hühnerschenkel (keine Keulen) ohne Knochen, alternativ 2 größere Hühnerbrüste
100 ml Sojasauce
100 ml Sake
2 EL *mirin*
2 TL Zucker

1. Sojasauce, Sake, *mirin* und Zucker in einen Topf geben und gut vermischen.
2. Wenn Sie sich für Hühnerschenkel entscheiden, lösen Sie den Knochen vorsichtig heraus. Größere Hühnerbrüste halbieren und das Filetstück herauslösen.
3. Hühnerfleisch in den Topf geben und bei mittlerer Hitze zum Kochen bringen, Schaum abschöpfen. Gelegentlich wenden und mit Sud begießen.
4. Deckel auflegen und auf schwacher Mittelhitze 20 Minuten lang garen. Gelegentlich prüfen, ob die Flüssigkeit eingekocht ist.
5. Wenn die Flüssigkeit fast eingekocht ist, Deckel abnehmen, und auf hoher Flamme karamelisieren. Vorsicht, nicht anbrennen lassen!
6. Hühnerfleisch in dünne Streifen schneiden und auf Teller verteilen.
7. Mit ganz fein geschnittener, grüner Lauchzwiebel oder etwas Petersilie garnieren.

Kabocha (Hokkaidokürbis)

500 g Hokkaidokürbis
400 ml *dashi* (aus *konbu* und Bonitenflocken)
4 EL Zucker
1 EL Sojasauce
eine Prise Salz

1. Hokkaidokürbis gut abwaschen, Stiel entfernen, halbieren und die Kerne herausnehmen.
2. In keilförmige Stücke (sechzehntel) schneiden und die Kanten abrunden.
3. In mundgerechte Stücke schneiden und die grüne Haut an verschiedenen Stellen abschälen, dieses reduziert die Garzeit und dient als Blickfang.
4. *dashi,* Zucker, Sojasauce und Salz zusammen in einen Topf geben, Hokkaidokürbis zufügen und auf großer Flamme aufkochen lassen.
5. Flamme auf mittlere Hitze reduzieren, einen *otoshibuta* aufsetzen und die Flüssigkeit einkochen lassen. Topf gelegentlich schütteln, damit die Zutaten nicht ansetzen.
6. Auf vier Teller verteilen.

Tipps:
1. Keramikschalen statt Teller eignen sich für dieses „rustikale" Gericht besonders gut.
2. Mit Wasser statt *dashi* gekocht, schmeckt das Gericht milder.

Nasu no maru-taki (Eingekochte Auberginen)

Dieses Gericht sieht sehr hübsch aus, die Auberginen werden der Länge nach eingeritzt und dann gedünstet. Generell sind japanische Auberginen schlanker als ihre europäischen Cousinen. Dickere Auberginen halbiert man einfach der Länge nach oder aber man ritzt sie tiefer ein und verlängert die Garzeit.

8 schlanke Auberginen
600 ml *dashi* (aus *konbu* und Bonitenflocken)
1 EL Sake
1 EL Zucker
2 EL *mirin*
2 EL Sojasauce
etwas frischer, geraspelter Ingwer, zum Garnieren

1. Den Stiel der Auberginen entfernen und mit einem spitzen, scharfen Messer die Auberginen der Länge nach leicht, nicht zu tief, einritzen, damit der Sud gut einzieht.
2. Auberginen in einen flachen Topf (oder eine große Bratpfanne) geben und alle Zutaten bis auf den Ingwer hinzufügen. Einen *otoshibuta* auflegen, aufkochen und dann auf kleiner Flamme garen lassen.
3. Wenn die Auberginen weich sind, von der Flamme nehmen und noch zehn Minuten lang im Sud ziehen lassen.
4. Mit etwas Sud auf vier Teller verteilen und mit geraspeltem Ingwer garnieren.

Lotus à la Tosa-ni

Frische Lotuswurzeln sehen von außen bräunlich und knorrig aus. Nach dem Abschälen entpuppt sich ihre weiße Farbe. Geschälte und in Scheiben geschnittene Lotuswurzeln werden umgehend in Essigwasser gelegt, damit sie sich nicht verfärben. Geschnittene Lotuswurzeln sehen sehr attraktiv aus und schmecken „knackig". In Japan wird zum Garnieren von weißen Gerichten oft in Streifen geschnittener eingelegter Ingwer benutzt, dem etwas roter Farbstoff zugesetzt wird (*beni-joga*). Eingelegter Ingwer (*amazu-joga*) eignet sich auch (siehe Rezept).

400 g frische Lotuswurzel
300 ml *dashi* (aus *konbu* und Bonitenflocken)
etwas Essig
etwas Wasser
1 1/2 EL Zucker
1 1/2 EL Sojasauce
eine Prise Salz
4 EL Bonitenflocken
etwas eingelegter Ingwer, zum Garnieren.

1. Wasser und Essig in eine Schale geben.
2. Die Lotuswurzel mit einem scharfen Messer abschälen und Unreinheiten entfernen. Anschließend in 8 mm dünne Scheiben schneiden und zehn Minuten lang im Essigwasser liegenlassen. Herausnehmen und mit Küchenkrepp gut abtrocknen.
3. *dashi*, Zucker, Sojasauce und Salz in einen Kochtopf geben, kurz aufkochen lassen, die Lotuswurzel zugeben und 10 Minuten lang auf mittlerer Stufe köcheln lassen.
4. Wenn sich die Lotuswurzeln hellbraun verfärbt haben, die Hälfte der Bonitenflocken zugeben und auf schwacher Mittelhitze 5 Minuten weichkochen lassen.
5. Die restlichen Bonitenflocken zugeben, von der Flamme nehmen und abkühlen lassen.
6. Auf Teller verteilen und mit Bonitenflocken und etwas eingelegtem Ingwer garnieren.

Renkon no kinpira (Lotuswurzel mit *hijiki*-Seetang und Mohrrüben)

Dieses *nimono* verbindet schnelles Anbraten mit Einkochen und zeichnet sich durch Knackigkeit und Schärfe aus! Sesamöl verleiht diesem schnellen Gericht Charakter. Die Kombination der Zutaten bietet geschmacklichen sowie farblichen Kontrast. Um den „Biss“ der Lotuswurzel zu erhalten, wird schnell über heißer Flamme gekocht. Dieses Gericht hält sich 2-3 Tage und kann gut im Voraus zubereitet werden.

250 g frische Lotuswurzel
etwas Essig
50 g getrockneten *hijiki* (schwarzer Seetang)
50 g Mohrrüben
1 1/2 EL Sesamöl
2 EL Sake
2 EL *mirin*
2 EL Sojasauce
2 TL Zucker
etwas gemahlener Cayennepfeffer

1. Die Lotuswurzel schälen, in feine Ringe schneiden und jeweils halbieren, um Halbmonde zu erhalten. Schnell ins Essigwasser geben.
2. *hijiki*-Seetang waschen und anschließend in einer Schüssel mit lauwarmem Wasser etwa 30 Minuten quellen lassen.
3. Mohrrüben schälen und in feine Streifen schneiden.
4. Lotuswurzel und *hijiki*-Seetang gut abtropfen lassen.
5. Sesamöl in einem flachen Kochtopf oder einer Bratpfanne erhitzen. Mohrrüben, Lotuswurzel und *hijiki*-Seetang hineingeben, gut im Öl wenden und kurz anbraten.
6. Sake, *mirin*, Zucker und Sojasauce zufügen und die Zutaten darin auf hoher Flamme schnell einkochen lassen. Es bleibt keine Flüssigkeit zurück. Etwas gemahlenen Cayennepfeffer untermischen und auf vier Tellern servieren.

Daikon no bekotaki (Rettich mit Rindfleisch)

Rettich mit Rindfleisch, dazu dampfender Reis, ein Gericht für kalte Tage.

1 ganzer Rettich (*daikon*)
300 g Rindfleisch, in dünne Scheiben geschnitten
1 rote Pfefferschote, eingeritzt
100 ml Sake
400 ml *mirin*
70 ml Sojasauce
1 Prise Salz
das Grüne einer Lauchzwiebel, in feine Röllchen geschnitten
600 ml Wasser

1. Den Rettich putzen, in 3 cm dicke Scheiben schneiden und die Kanten abrunden.
2. Rettich kurz blanchieren, in ein Sieb geben und gut abtropfen lassen.
3. Rindfleisch in mundgerechte Stücke schneiden, in einen Topf geben und mit 500 ml Wasser, bedeckt bei mittlerer Hitze zum Kochen bringen. Dabei enstehenden Schaum abschöpfen. Vom Herd nehmen.
4. Blanchiertes Rindfleisch und Rettich in einen größeren, flachen Topf geben. Mit Rindfleischsud aufgießen und dann Sake, Sojasauce, *mirin*, Salz und die eingeritzte Pfefferschote hinzufügen.
5. Einen *otoshibuta* direkt auf den Eintopf auflegen und auf mittlerer Flamme ca. 30 Minuten köcheln lassen. Wenn das Fleisch weichgekocht ist, vom Herd nehmen.
6. Auf vier Teller verteilen und mit Lauchzwiebel bestreuen.

Iwashi-no Shoga-ni (Sardinen mit Ingwer)

Dieses Rezept ist richtige Hausmannskost! Gewürze wie Ingwer und *miso* besänftigen den hartnäckigen Eigengeruch von Fischen wie Sardinen und Makrelen.

8 Sardinen
30 g frischer Ingwer
200 ml Wasser
100 ml Sake
3 EL Zucker
4 EL Sojasauce

1. Fisch entschuppen, Kopf und Innereien entfernen und unter fließendem Wasser gut waschen. Anschließend gut mit Küchenkrepp abtupfen.
2. Frischen Ingwer schälen und in hauchdünne Scheiben schneiden.
3. Wasser und Gewürze in einen größeren, flachen Topf geben und bei starker Hitze aufkochen lassen.
4. Ingwer hineinstreuen und die Sardinen mit der Servierseite nach oben (Schwanzende nach rechts, Bauchseite nach unten) in den Topf geben. Darauf achten, dass sie nicht aufeinanderliegen. Kochfisch wird nicht gewendet, weil er leicht zerfällt.
5. Die Sardinen gut mit der Kochflüssigkeit begießen, einen *otoshibuta* direkt auflegen und ca. 8 Minuten lang bei mittelschwacher Hitze dünsten lassen.
6. Die Sardinen gelegentlich mit Sud begießen. Anschließend den Deckel wieder auflegen.
7. Fisch vorsichtig mit einer Schaumkelle herausheben und mit dem Schwanzende nach rechts auf vier Tellern servieren. Mit Ingwerscheiben bestreuen und mit etwas Sud beträufeln.

Tipp:
Statt Sardinen eignen sich auch Makrelen. Je nach Größe, pro Person eine Makrele berechnen und wie oben beschrieben verfahren.

Saba no miso-ni (Makrele mit *miso* gekocht)

Makrele, Ingwer und *miso* sorgen für ein deftiges Aroma nach Hausfrauenart. Zu rustikalen Speisen wie diesem Makrelengericht passen besonders gut Keramikteller, es schmeckt am besten im Winter.

1 Makrele
30 g frischer Ingwer
300 ml Wasser
2 EL Sake
2 EL Zucker
1 1/2 EL *mirin*
2 EL Sojasauce
2 gestrichene EL *miso*

1. Makrele filetieren und jedes Filet mit einem Messer schräg in vier Stücke schneiden.
2. Ingwer schälen und in dünne Scheiben schneiden.
3. Wasser, Sake, Zucker, *mirin* und Sojasauce in einen großen, flachen Kochtopf geben und auf heißer Flamme schnell aufkochen lassen.
4. Ingwer zugeben und den Fisch vorsichtig hineinheben. Die Fischstücke sollen sich möglichst nicht berühren.
5. Die Makrele mit Fischsud begießen und einen *otoshibuta* direkt auf den Fisch auflegen und bei mittlerer Hitze ca. 5-6 Minuten lang kochen lassen.
6. Deckel abnehmen und *miso* in den Sud einrühren, aufkochen lassen. Den Topf einige Male schwenken, damit sich das *miso* gut verteilt.
7. Flamme reduzieren, nochmals den Deckel auflegen und auf kleiner Flamme ca. 2 Minuten lang ziehen lassen.
8. Makrele und Ingwer auf vier Teller verteilen.

Saba-no-age-ni (Makrele, frittiert und geschmort)

Hier werden zwei Kochtechniken verbunden, um ein sehr herzhaftes Gericht zu bereiten. Geriebener Rettich verleiht optische und geschmackliche Ausgewogenheit.

1 Makrele
400 g *daikon* (Rettich)
300 ml *dashi* (aus *konbu* und Bonitenflocken)
100 ml *mirin*
50 ml Sojasauce
1 rote Pfefferschote
1 EL blanchierte Erbsen
3 EL Stärkemehl
Öl zum frittieren

1. Makrele filetieren, schräg in 8 Stücke schneiden und sehr gut abtrocknen.
2. Frittieröl auf ca. 180 °C erhitzen.
3. Jeweils ein in Stärkemehl gewendetes Makrelenstück leicht goldbraun frittieren, herausheben und (auf einem Gitter) gut abtropfen lassen.
4. *daikon* putzen und fein reiben, in eine Schüssel geben und mit beiden Händen ausdrücken. Vom austretenden Wasser etwas Flüssigkeit aufheben und später zusetzen.
5. Rote Pfefferschote von Kernen befreien und in kleine Ringe schneiden.
6. Erbsen blanchieren.
7. In einem flachen Kochtopf *dashi, mirin,* etwas Rettichflüssigkeit (ca. 100 ml) und Sojasauce bei starker Hitze aufkochen, Pfefferschote und dann die Makrelenstücke hinzufügen.
8. Nochmals aufkochen lassen, den geriebenen Rettich dazugeben und ohne zu vermischen kurz ziehen lassen.
9. Vom Herd nehmen und servieren.

Ika-daikon (Calamari mit Rettich)

Calamari mit Rettich, ein *nimono* (Eintopf) ohne Zucker. Beim Calamari ist die Kochzeit kritisch, er wird leicht zäh. Calamari muss entweder sehr schnell zubereitet werden oder sehr lange köcheln.

2 große Calamari
1/2 *daikon* (Rettich)
etwa 500 ml Wasser, evtl. extra Wasser zusätzlich
3 El Sake
3 EL Sojasauce
eine Prise Salz
das Weiße von zwei Lauchzwiebeln

1. Calamari putzen und ausnehmen. Nach Belieben nur den Körper oder zusätzlich auch die Tentakeln verwenden.
2. Calamari in 1 1/2 cm breite Ringe schneiden.
3. Rettich schälen, in 3 cm breite Stücke schneiden und vierteln.
4. Rettich und Calamari in einen Topf geben und gut mit Wasser bedecken. Auf sehr starker Flamme schnell zum Kochen bringen.
5. Sobald es brodelt, Sake und Sojasauce zugeben. Einen *otoshibuta* auflegen und bei schwacher Mittelhitze 2 Stunden gemächlich köcheln lassen. Gelegentlich prüfen, ob noch Flüssigkeit vorhanden ist, eventuell etwas Wasser dazugeben. Es soll nichts ansetzen.
6. Lauchzwiebeln in feine Fäden schneiden.
7. Calamari und Rettich auf vier Teller verteilen, mit etwas Sud beträufeln und mit Lauchzwiebel garnieren.

Dieses Gericht kann warm oder kalt gegessen werden und passt sehr gut zu Sake.

Konbu no tsukuda-ni (Tsukudani mit Konbu)

Ein Rezept zur Weiterverwendung von *konbu.* Nachdem der *konbu* der *dashi* Gewinnung dient, wird er mit Zucker, *mirin* und Sojasauce eingekocht und zu Reis gegessen.

200 g *konbu* (gekochter *konbu* von der *dashi* Herstellung)
2 EL Sojasoauce
1 EL Zucker
1 EL *mirin*
1 l Wasser

1. Den *konbu* mit den restlichen Zutaten in einen Topf geben, erhitzen und einkochen lassen, bis die Flüssigkeit vollständig aufgesogen ist.
2. In kleine Stücke schneiden und zu Reis reichen.

Soboro (Ei, Hackfleisch und Fisch, flockig und gesüßt)

Eine interessante Variante bildet *soboro,* das Dünsten von Ei, Fisch oder Hackfleisch ohne Fett, nur mit etwas Zucker und evtl. Sojasauce über schwacher Hitze. Zum Kochen benötigt man vier bis fünf Kochstäbchen (sehr lange Essstäbchen). Das Gericht ist sehr leicht, flockig und süß. *soboro* wird meist über Reis gegessen. Bekannt ist *sanshoku go-han,* dreifarbiger Reis mit *soboro* aus Ei und Hackfleisch, mit blanchierten grünen Bohnen.

Soboro aus Ei

Dieses Gericht ist eine Art Rührei, ohne Fett, sieht aber flockiger aus.

2 Eier
1/2 TL Zucker
1 Prise Salz
ein feuchtes Küchentuch

1. Das Ei mit Zucker und Salz gut vermischen und in eine kleine Bratpfanne oder einen kleinen flachen Kochtopf geben.
2. Das Ei über schwacher Hitze mit 4-5 Kochstäbchen unter ständigem Rühren flockig schlagen.
3. Zwischendurch den Kochtopf einige Male auf einem feuchten Küchentuch kurz absetzen und weiterschlagen.
4. Das *soboro* soll ganz leicht und flockig sein.

Soboro aus Hackfleisch

300 g Hackfleisch
2 EL Sake
2 EL *mirin*
2 EL Zucker
2 EL Sojasauce
1 TL Saft von geriebenem Ingwer

1. Das Hackfleisch mit Sake, *mirin,* Zucker und Sojasauce in einem Kochtopf aufkochen lassen und mit 4-5 Kochstäbchen unter ständigem Rühren schnell vermischen.
2. Wenn das Fleisch nicht mehr rot ist, in ein bereitstehendes Sieb mit darunterstehendem Topf geben und abtropfen lassen.
3. Die Flüssigkeit in den Kochtopf zurückschütten und bis auf die Hälfte einkochen.
4. Das Fleisch wieder hineingeben und unter ständigem Rühren glasieren, Ingwersaft hinzugeben, von der Flamme nehmen und alles gut vermischen, bis kleine Flocken entstehen.

Hackfleisch und Ei mit blanchierten, fein geschnittenen grünen Bohnen über Reis anrichten.

Iridofu (Sautiertes Tofu)

Tofu mit verschiedenen Gemüsesorten. Leicht und flockig. Man sollte es einmal statt Rührei probieren. Den Tofu vorzubereiten klingt komplizierter als es ist. Die Arbeit lohnt sich, Iridofu ist ein sehr leichtes, bekömmliches Gericht. Frisches Tofu hat einen neutralen, milden Eigengeschmack und saugt deshalb die Würze gut auf. Wenn Tofu säuerlich schmeckt, ist es nicht mehr ganz frisch!

300 g Tofu
100 g Mohrrüben
3 Shiitakepilze, frisch oder getrocknet
(getrocknete 20 Minuten in Wasser einweichen)
2 Lauchzwiebeln
6 grüne Bohnen
eine Prise Salz
2 EL Salatöl
2 EL Sojasauce
1 EL Sake
1 EL Zucker
1 Ei

1. Den Tofu in einen Topf mit kochendem Wasser geben und kurz kochen lassen.
2. Ein Sieb mit einem feinen Küchentuch auslegen und den Tofu dort hineingeben. Wenn der Tofu abgekühlt ist, die Enden des Küchentuches zusammenlegen und den Tofu gut auswringen.
3. Den Tofu in eine Schale geben. Der Tofu ist durch den Wasserverlust nun sehr krümelig und in seinem Volumen reduziert.
4. Gemüse putzen. Mohrrüben in ganz dünne, feine Streifen, Shiitakepilze in feine Scheiben schneiden. Lauchzwiebeln schräg in dünne, ovale Ringe schneiden.
5. Grüne Bohnen in leicht gesalzenem, kochendem Wasser kurz blanchieren, abschrecken und schräg in dünne, ovale Scheibchen schneiden.
6. Bratpfanne erhitzen, Öl hineingeben und heiß werden lassen. Die Mohrrüben, Shiitakepilze und Lauchzwiebeln im Öl etwa 2 Minuten sautieren.
7. Den krümeligen, trockenen Tofu hinzufügen, gut unter das Gemüse heben und mit anbraten. Größere Tofuklumpen lassen sich mit einem Holzlöffel gut zerkleinern. Die Masse soll sehr flockig aussehen.
8. Sojasauce, Sake und Zucker über die Masse träufeln und gut vermengen, damit alles gleichmäßig gewürzt ist.
9. Ein verquirltes Ei unter die Masse heben und alles gut sautieren.
10. Zum Schluss die grünen Bohnen unterheben, die sich durch ihr sattes Grün farblich gut abheben.
11. Mit einem großen Löffel lässt sich Iridofu leicht servieren.

Hijiki-Seetang mit frittierten Tofutaschen

Schwarzer *hijiki*-Seetang enthält wertvolle Mineralien und wird neben Lotuswurzel auch mit frittierten Tofutaschen zubereitet.

40 g getrockneter *hijiki*-Seetang
2 frittierte Tofutaschen *(abura-age)*
2 EL Öl, zum Braten
125 ml *dashi*
1 EL Sake
1 1/2 EL Zucker
1 1/2 EL *mirin*
1 1/2 EL Sojasauce

1. *hijiki*-Seetang in einer Schüssel mit Wasser gut waschen, abgießen und mit frischem Wasser bedeckt ca. 20 Minuten lang einweichen lassen.
2. *hijiki* in ein Sieb geben und gut abtropfen lassen.
3. Tofutaschen kurz mit kochendem Wasser abspülen, um überschüssiges Öl zu entfernen. Anschließend in lange Streifen schneiden.
4. Eine große Bratpfanne erhitzen, Öl hineingeben und stark erhitzen. *hijiki* und Tofustreifen in die Pfanne geben und von allen Seiten anbraten.
5. *dashi* und Sake hinzufügen, kurz aufkochen lassen, Zucker und *mirin* zufügen und 5 Minuten kochen lassen.
6. Sojasauce hineingeben, mit einem Holzlöffel einige Male gut wenden, damit die Sojasauce nicht ansetzt. Die Flüssigkeit vollständig einkochen lassen.
7. Abkühlen lassen und servieren.

Yakimono (Gegrilltes und Gebratenes)

Mit Yakimono verbindet man in der traditionellen japanischen Küche vier Begriffe: Fisch, Spieße, Grillnetz und eine direkte, starke Flamme (Unterhitze). Besonders zur Abendbrotzeit verbreitet sich über der japanischen Inselkette das Aroma von *yakizakana,* gegrilltem Fisch.

Anders als in Deutschland gibt es in Japan normalerweise keinen Bratofen. Es wird mit Gasbrennern gekocht, also mit Unterhitze. Sämtliche Kochvorgänge werden auf zwei Gasflammen ausgeführt. Auf der Gasflamme wird wie in Deutschland gekocht und gebraten. Dank eines eigens dafür erhältlichen Grillnetzes oder -rostes wird die gleiche Gasflamme auch zum Grillen benutzt. Der Fisch wird, ganz oder als Filet, auf mit den Händen gehaltenen Spießen bei starker Hitze über dem Grillrost gegrillt. Neuere Gasbrenner haben eine Grillvorrichtung zum Fischgrillen mit Oberhitze. Der in Deutschland übliche Bratofen oder Grill ist für die Zubereitung japanischer Gerichte sehr praktisch.

Den japanischen Haushalten steht außer den zwei Gasbrennern ein elektrischer Reiskocher zur Verfügung. Zusätzlich zum Grillen gibt es auch Gebratenes aus der Bratpfanne, wie zum Beispiel *yaki-tamago,* japanisches Omelett und *buri-no-teriyaki,* Thunfisch nach Teriyaki-Art. Generell werden Bratpfannen oder Wok vor dem Zugeben des Bratöls stark erhitzt. Dann erst wird das Öl in die Pfanne gegeben. Bei beschichteten Pfannen entfällt dieser Schritt.

Ähnlich wie bei Sashimi gehört auch zu Gegrilltem und Gebratenem *(yakimono)* eine farblich und geschmacklich ergänzende Garnierung *(ashirai).* Süß-sauer Eingelegtes oder Scharfes wie geriebener Rettich mit Cayennepfeffer *(momiji-oroshi)* eignen sich vorzüglich. Im Handel erhältliche Perlzwiebeln passen auch.

Yaki-tamago (Japanisches Omelett)

Eine schöne Einführung in japanisches *yakimono* (Grillen und Braten) ist dickes japanisches Omelett. Grundsätzlich gibt es zwei Arten von *yakitamago,* das dicke Omelett, *atsu-yakitamago* und dünnes, *usu-yakitamago.* In Japan benutzt man dazu eine viereckige Bratpfanne. Dadurch wird das Omelett auch an den Enden gleichmäßig dick, wenn es eingerollt ist. Eine normale runde Pfanne jedoch ist völlig ausreichend.

Dickes japanisches Omelett *(atsu-yakitamago)* unterscheidet sich von gewohntem Omelett dadurch, dass es recht süß ist und fest eingewickelt wird. Das Endprodukt sieht aus wie eine dicke, feste Rolle. Einmal abgekühlt wird diese Omelettrolle dann in fingerdicke Scheiben geschnitten serviert, oder sie dient als Sushibelag. Diese Scheiben sehen durch ihr spiralenförmiges Muster sehr hübsch aus. Dünnes Omelett *(usu-yakitamago)* wird oft gefüllt und als Omeletttasche angerichtet, oder in dünne Fäden geschnitten zur Garnierung verwendet.

Atsu-yakitamago (Dickgerolltes Omelett)

Sie brauchen eine mittelgroße Bratpfanne und einen Bratenwender. Sollten Sie gut mit Stäbchen umgehen können, empfiehlt es sich diese statt des Bratenwenders zu benutzen. Nach etwas Übung wird man überrascht sein, wie gut man mit Stäbchen kochen kann. Ferner benutzt man ein in Öl getunktes Stück Küchenkrepp, um die Pfanne samt Pfannenrand gut einzufetten, aber nicht in Fett zu tränken. Beim Omelettbraten kommt es auf die „richtige" Temperatur an, das Öl darf weder zu heiß noch zu kalt sein!

6 Eier
3 EL Zucker
2 EL Sake
1/2 TL Sojasauce
1 Prise Salz
Salatöl zum Braten

1. Eier in eine Schüssel schlagen und vorsichtig vermischen. Es dürfen keine Blasen entstehen.
2. Zucker, Sake, Sojasauce und Salz zu den verquirlten Eiern geben und vorsichtig vemengen.
3. Eine mittelgroße Bratpfanne auf starker Mittelhitze erwärmen. 1 EL Öl in die Pfanne geben und gut verteilen. Auch der Pfannenrand muss gut eingefettet sein.
4. Wenn das Öl heiß ist, ca. 1/4 des Eigemischs in die Pfanne geben und die Bratpfanne leicht schwenken, damit sich sich das Ei gleichmäßig in der Pfanne verteilt. Dabei entstehende Luftbläschen mit dem Bratenwender oder Stäbchen vorsichtig zerdrücken. Wichtig ist hierbei die Temperatur. Das Öl soll gut erhitzt aber nicht zu heiß sein, denn sonst brennt das Omelett leicht an. Das Omelett soll an der Unterseite leicht gebräunt, aber nicht dunkelbraun sein.
5. Wenn das Ei fast gar ist, mit Stäbchen oder dem Bratenwender das Omelett vorsichtig vom Pfannenrand lösen. Das hintere Viertel des Omeletts vorsichtig nach vorne umschlagen, dann weiterumschlagen, bis das ganze Ei aufgerollt ist. Das eingerollte Ei liegt jetzt am vorderen Pfannenrand. Das Ei darf weder zu flüssig, noch gargebraten sein, dann lässt es sich schlecht einrollen!
6. Die freie, hintere Bratpfannenfläche mit einem in Öl getunkten Küchenkrepp gut ausfetten. Die Eierrolle anschließend zum hinteren Pfannenrand schieben. Nun den vorderen Pfannenrand ausfetten.
7. Ein Drittel des Eiergemischs in die Pfanne geben und wie vorher gut verteilen. Das Vordere der bereits gebratenen Eierrolle ganz leicht anheben, damit sich etwas von dem flüssigen Ei darunterhebt. Wenn die Eiermasse fast gar ist, erneut zum vorderen Pfannenrand hin einrollen.
8. Erneut den hinteren Teil der Pfanne mit Küchenkrepp einfetten und die vorherigen Arbeitsschritte so oft wiederholen, bis die restliche rohe Eiermasse verbraucht ist.
9. Wenn die gesamte Eiermasse zu einer dicken Rolle eingeschlagen an dem vorderen Pfannenrand liegt, mit dem Bratenwender oder mit beiden Stäbchen die Eierrolle sanft gegen den Pfannenrand drücken, dadurch sieht sie gut geformt aus.
10. Die Eierrolle vorsichtig auf ein Küchenbrett heben und gut abkühlen lassen, bevor sie in fingerdicke Scheiben geschnitten wird.
11. Sollte die Eierrolle auseinanderfallen, oder zu lose eingeschlagen sein, hebt man sie vorsichtig auf eine ausgebreitete Bambusmatte oder auf ein mit Klarsichtfolie belegtes sauberes Küchenhandtuch und drückt sie noch einmal in Form.

Sollte es beim ersten Mal nicht so gut gelingen, auf keinen Fall aufgeben. Dieses Omelett erfordert etwas Übung. Sollten Sie zuviel Eigemisch in die Pfanne gegossen haben, ganz schnell das überschüssige Ei zurückgießen.

Zur Variation kann dieses Omelett beispielsweise auch mit blanchiertem Spinat oder mit gekochten Krabben gefüllt und eingerollt werden.

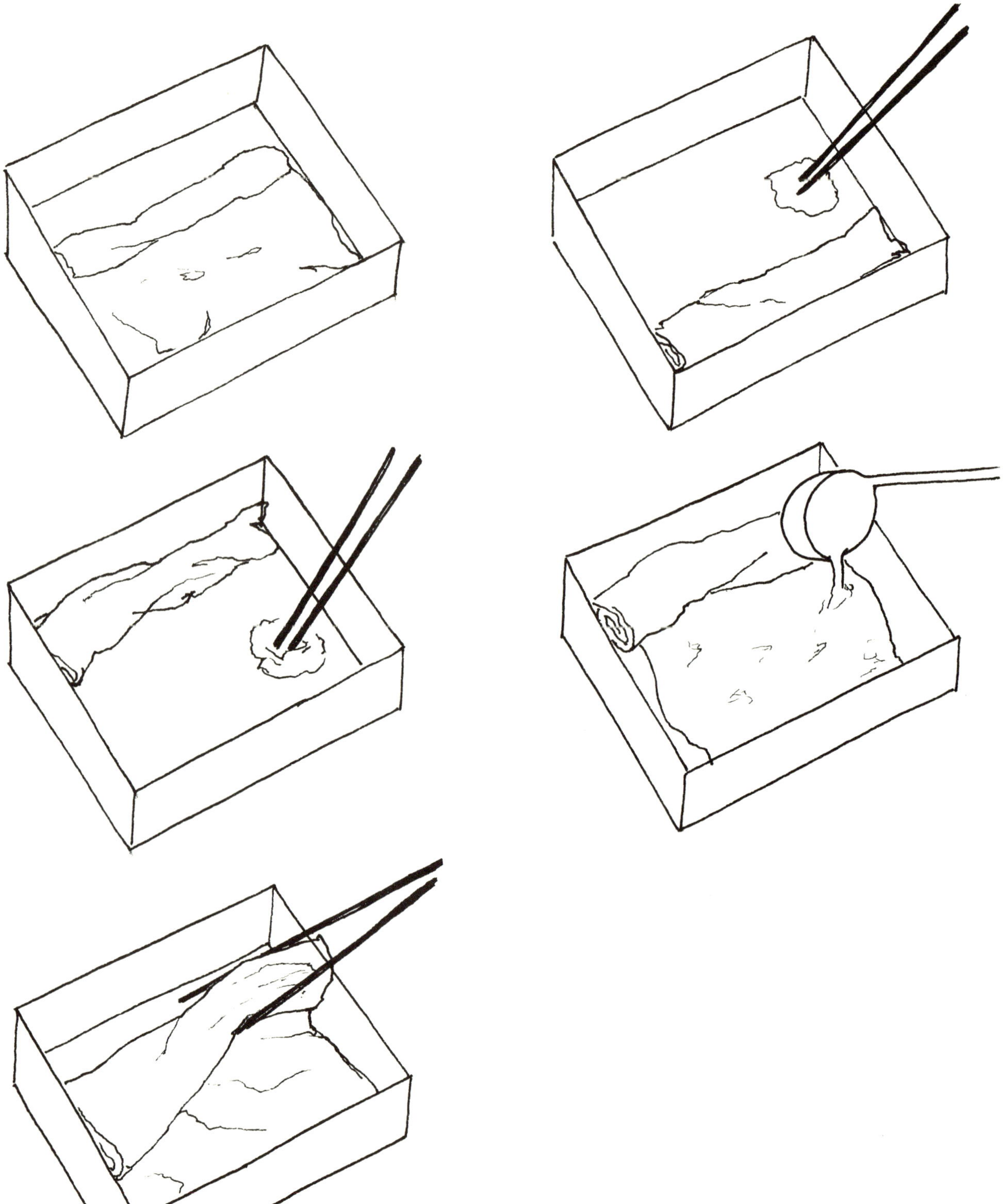

Usu-yakitamago (Dünnes Omelett)

Dünnes Omelett wird entweder mit Reis gefüllt als *chakin-zushi* gereicht, oder aber in dünne Fäden geschnitten zur Garnierung in anderen Gerichten verwendet. Es empfiehlt sich, dieses Rezept erst einmal durchzulesen. Schritt 4 ist vielleicht etwas ungewöhnlich.

3 Eier
1/2 EL Zucker
1 EL *mirin*
1/4 TL Salz
Salatöl zum Braten

1. Eier in eine Schüssel geben, leicht verrühren. Zucker, *mirin* und Salz dazugeben und gut vermischen.
2. Eiergemisch durch ein feines Sieb seihen. Dadurch werden Eiweiß und Dotter besser vermischt.
3. Eine Bratpfanne auf guter Mittelhitze erhitzen. 1 TL Öl zugeben und erhitzen. Mit einem Schwung eine gute Portion der Eiermasse in die Pfanne geben und durch Schwenken in der Pfanne verteilen.
4. Die jetzt noch flüssige (überschüssige) Eiermasse schnell in die Schüssel mit dem Eiergemisch zurückgießen. So bleibt nur das bereits gestockte Ei in der Pfanne zurück. Allzu vorsichtiges Vorgehen bewirkt, dass sich die Eiermasse nicht gleichmäßig verteilt und die Pfanne teilweise unbedeckt bleibt.
5. Das in der Pfanne zurückgebliebene Ei bei Mittelhitze garen, bis die Oberfläche trocken ist und es sich leicht wenden lässt. Wieder ist die Temperatur wichtig - die Bratpfanne darf nicht zu heiß werden, sonst backt das Omelett an. Vor dem Umdrehen das Ei mit einem Bratenwender oder mit Stäbchen vorsichtig vom Pfannenrand lösen, es darf nicht reißen.
6. Mit langen Kochstäbchen den vorderen Rand des dünnen Omeletts anheben, die Stäbchen zum hinteren Pfannenrand ziehen und das Omelett schnell wenden. Alternativ das Omelett mit einem Schwung auf gewohnte Weise wenden.
7. Wenn das Omelett gar ist, sanft auf einen Teller oder ein Backnetz gleiten und abkühlen lassen. Man kann es auch mit Stäbchen vorsichtig wie in Schritt 6 beschrieben von der Pfanne auf einen Teller heben.

Das Rezept zur Reisfüllung für *chakin-zushi* steht bei den Sushigerichten.

Butaniku no Shogayaki (Schweinefleisch in Ingwer)

Dieses Gericht ist nicht nur schmackhaft, sondern durch die Dekoration auch farblich sehr ausgewogen.

500 g Schweinefleisch (Schweinekotelett oder Schweinefilet ohne Knochen in hauchdünne Scheiben geschnitten)
1 EL frisch geriebener Ingwer
3 EL Sake
4 EL Sojasauce
3 EL Salatöl zum Braten

Zum Garnieren:
das Weiße von vier Lauchzwiebeln, in dünne Fäden geschnitten
1/2 Salatgurke, in feine Scheiben geschnitten
2 Tomaten, in Scheiben geschnitten

1. Den geriebenen Ingwer, Sake und Sojasauce in eine Schüssel geben.
2. Die hauchdünnen Schweinefleischscheiben noch einmal quer halbieren, in die Ingwermarinade geben, etwa 6 Minuten lang ziehen lassen. Dabei gelegentlich wenden.
3. Währenddessen Lauchzwiebeln in Fäden schneiden, Gurke schräg in dünne Scheibchen schneiden, Tomaten in Scheiben schneiden.
4. Die Hälfte des Fleisches aus der Marinade nehmen, gut abtropfen lassen (z.B. auf einem Grillrost), evtl. mit etwas Küchenkrepp abtupfen.
5. In eine gut erhitzte Bratpfanne ein Drittel des Salatöls geben und dieses stark erhitzen.
6. Einige Scheiben Schweinefleisch vorsichtig in das heiße Öl geben, sie dürfen nicht überlappen. Goldbraun braten, wenden und gut bräunen.
7. Die Scheiben einzeln herausheben. Sollte sich zuviel Bratensaft abgesetzt haben, die Bratpfanne unter heißem Wasser gut abspülen, abtrocknen und erneut erhitzen. Die Arbeitsgänge werden solange wiederholt, bis alles Fleisch gebraten ist. Saubere Pfannen und sauberes, heißes Öl sind ausschlaggebend für das Gelingen! Angekohlte Rückstände im Öl beeinträchtigen Geschmack und Anblick.
8. Das Gemüse dekorativ auf der hinteren Tellerhälfte hügelförmig anordnen und das Fleisch davor anrichten.

Tipp:
Statt Schweinefleisch kann auch Rindfleisch verwendet werden. Nach Belieben kann Ingwer auch gegen Knoblauch ausgetauscht werden.

Yakinasu (Gegrillte Aubergine)

Beim Grillen von Auberginen muss die Grillvorrichtung richtig heiß sein! Die Auberginen werden leicht eingeritzt, entweder längs oder im Karomuster, und bei sehr starker Hitze gegrillt, bis die Haut leicht ankohlt. Die Haut wird dann sofort abgezogen.

Nicht so heiß wird es, wenn die Auberginen in einer bereitstehenden Schüssel mit Eiswasser kurz abgeschreckt werden. Die Haut muss man dann schnell abziehen. Auf jeden Fall kommt es auf schnelles Vorgehen an, um den Eigengeschmack der Auberginen nicht zu beeinträchtigen.

Die Auberginen können mit einer Sauce gereicht werden, oder mit geriebenem Ingwer, Bonitenflocken und etwas Sojasauce.

8 schlanke Auberginen (dickere müssen länger gegrillt werden)

Für die Sesamsauce:
3 EL weißer, gerösteter und gemahlener Sesam
1/2 EL Zucker
1 Prise Salz
1 1/2 EL Sojasauce
3 EL *dashi*

Für die klare Sauce:
70 ml *dashi*
2 EL Sojasauce
2 EL Sake
2 EL *mirin*
1 in feine Ringe geschnittene Lauchzwiebel (nur das Grüne)
1-2 EL geriebener, frischer Ingwer

1. Die Auberginen gut waschen und abtrocknen. Die Blätter vom Stiel entfernen, den Stiel selbst aber belassen. Mit einer Messerspitze die Haut der Auberginen leicht der Länge nach oder im Karomuster einritzen.
2. Die Auberginen im heißen (!) Bratofen oder Grill grillen, öfter umdrehen, bis sie auf allen Seiten gleichmäßig gar und gut schwarz sind – „Briketts" sollen es allerdings nicht werden. Die Auberginen sind gar, wenn sie dem Druck der Gabel nachgeben und weich sind.
3. Gegrillte Auberginen kurz abschrecken und mit einer raschen Bewegung die Haut abziehen. Den Stiel dabei nicht entfernen. Auberginen auf einem Teller etwas abkühlen lassen.
4. Die Sesamsauce zubereiten. Gemahlenen Sesam mit den anderen Zutaten vermengen und abschmecken.
5. Die Zutaten für die klare Sauce vermischen, kurz aufkochen und abkühlen lassen.
6. Je zwei Auberginen auf vier Teller verteilen und nach Belieben mit einer der beiden Saucen beträufeln. Zur Dekoration mit feinen Lauchzwiebelringen bestreuen.

Die Auberginen sind weich genug, um mit Stäbchen zerteilt zu werden. Sie können aber genausogut in mundgerechten Stücken dekorativ auf Portionstellern angerichtet werden. Dickere Auberginen sollten erst einmal der Länge nach und dann in Stücke geschnitten werden.

Variante:
Gegrillte Auberginen jeweils einmal quer halbieren und mit einer Handvoll Bonitenflocken bestreuen, dazu dekoriert man am vorderen Tellerrand rechts einen Klecks frisch geriebenen Ingwer. Jeder Gast beträufelt sich seine Auberginen dann am Tisch mit ein paar Tropfen Sojasauce.

Gegrillte Aubergine mit *miso*

Sehr aromatisch durch das Sesamöl. Benutzt wird nur asiatisches Sesamöl, dieses wird aus geröstetem Sesam gewonnen. Asiatisches Sesamöl zeichnet sich durch seine dunkelbraune Farbe und sein starkes Aroma aus. Gesüßtes *miso* wird oft als Beize oder eine Art Tunke benutzt.

1 große, fette Aubergine
Sesamöl zum Bestreichen

Nerimiso:
3 gut gehäufte EL weisses *miso*
2 EL Zucker
150 ml *mirin*

1EL gerösteter Sesam zum Garnieren
einige Eichblattblätter zur Garnierung
1 Pinsel zum Bestreichen

1. Zuerst die Misopaste zubereiten. Dazu werden *miso* und Zucker in einem flachen Kochtopf gut vermengt. Tropfenweise den *mirin* hinzufügen und alles sehr glattrühren.
2. Auf sehr schwacher Flamme die Misopaste erwärmen und stets umrühren, damit sie nicht anbrennt. Sobald die Flüssigkeit verdunstet ist und die Misopaste etwas fester wird, vom Herd nehmen, in eine Schüssel geben und abkühlen lassen.
3. Die Aubergine waschen, abtrocknen, von Blättern befreien und in ca. 3 cm dicke Scheiben schneiden.
4. Auberginenscheiben beidseitig, nicht zu tief, karoförmig einritzen und mit Sesamöl bestreichen.
5. Auberginenscheiben auf einem Grillrost oder Backblech im stark vorgeheizten Ofen oder Grill von beiden Seiten grillen. Gelegentlich mit Sesamöl bestreichen.
6. Jeweils ein Blatt Eichblattsalat auf die hintere Tellerhälfte legen, ein oder zwei Auberginenscheiben mit Misopaste bestreichen und davor arrangieren. Mit etwas Sesam bestreuen und servieren.

Tori-niku no miso-yaki (Gegrilltes Hühnchen mit *miso*)

Dieses Gericht ist erstaunlich einfach und gleichzeitig sehr schmackhaft. Aus *miso* und etwas Sake wird eine zähflüssige Marinade angerührt. Nach Belieben darf auch mit etwas rotem Cayennepfeffer „angeheizt" werden. Das Hühnerfleisch zieht in dieser Marinade 15-30 Minuten.

Wichtig! Miso-Sorten unterscheiden sich sehr in ihrem Salzgehalt, man sollte das Hühnerfleisch deshalb beim ersten Mal nicht allzu lange ziehen lassen, es wird evtl. zu salzig. Nachdem man das *miso* getestet hat, kann man beim darauffolgenden Mal kräftiger nach eigenem Geschmack vorgehen.

Zu diesem Gericht eignen sich Hühnerschenkel sehr gut. Sie sind saftiger als Brustfleisch und im Gegensatz zu den Keulen sehnenfrei. Hühneroberschenkel sind der Bereich oberhalb der Keulen. Man kann das Huhn selbst zerlegen, dabei entfernt man dann gleich noch den Knochen, das verkürzt die Kochzeit und lässt das Fleisch gleichmäßig garen. Die Haut darf nicht entfernt werden, das Fleisch bleibt dann saftiger!

8 Oberschenkel oder Keulen vom Huhn
(ersatzweise 4 Hühnerbrüste)
8 EL rotes *miso*
3 EL Sake
evtl. etwas Cayennepfeffer
4 Salatblätter zum Anrichten
etwas Senf zum Garnieren

1. *miso* und Sake in einer großen Schüssel glattrühren. Nach Belieben etwas gemahlenen Cayennepfeffer hineinstreuen.
2. Das Hühnerfleisch mit einer Gabel auf beiden Seiten einige Male einstechen und gut in der Misomarinade wenden, etwa 15 Minuten darin ziehen lassen.
3. Mit etwas Küchenkrepp oder einem Baumwolltuch die Misomarinade abtupfen. Wenn zu viel Marinade am Fleisch bleibt, brennt das Hühnerfleisch außen leicht an und ist innen noch roh.
4. Ein großes Backblech mit Alufolie auslegen, darauf einen Grillrost legen. Das Hühnerfleisch mit der Hautseite nach unten auf den Grillrost legen und im vorgeheizten Ofen bei ca. 200 °C etwa 30 Minuten lang braten. Das Fleisch zwischendurch einmal wenden und die Haut knusprig werden lassen.
5. Auf vier Teller jeweils ein Salatblatt legen und das Hühnerfleisch elegant davor anrichten. Wenn man Stäbchen benutzt, empfiehlt es sich, das Fleisch vor dem Anrichten in mundgerechte Streifen zu zerteilen. Mit einem Klecks Senf garnieren und ein kühles Bier dazu servieren.

Yakitori (Gegrillte Hühnerspießchen)

In Japan verbindet man *yakitori* mit dem *yakitoriya-san,* dem *yakitori* Restaurant. Beim Betreten eines solchen wird man sogleich vom Aroma des Holzkohlegrills eingehüllt. Es gibt dort eine Vielzahl verschiedener Speisen à la carte, allen voran natürlich *yakitori,* gegrillte Hühnerspießchen. Diese werden entweder mit einer Sauce aus Sojasauce, Zucker, *mirin* und Sake bestrichen, oder nur mit Salz bestreut gegrillt. Beim *yakitoriya* gibt es auch *reba-sashi,* Lebersashimi, also in dünne Scheiben geschnittene, frische, rohe Hühnerleber, die mit Tunke serviert wird. Daneben wird beim *yakitoriya-san* ausgiebig getrunken. Bier, Sake, und *shochu,* ein hochprozentiger Branntwein, tragen zur rustikalen Atmosphäre bei.

500 g Hühnerfleisch
4 Lauchzwiebeln, nur das Weiße, halbiert

Für die süße Sojasaucenmarinade:
6 EL Sojasauce
1 1/2 EL *mirin*
1 1/2 EL (brauner) Zucker
Salz
Zitronenscheiben zum Garnieren
etwas gemahlener Cayennepfeffer
8 Bambus- oder Holzspießchen

1. Das Hühnerfleisch von Knochen und Sehnen befreien und in mundgerechte, kleine Stücke schneiden. Die Haut nicht entfernen, damit das Fleisch saftiger bleibt.
2. Sojasauce, *mirin* und Zucker kurz in einem kleinen Kochtopf aufkochen lassen, bis sich der Zucker vollständig aufgelöst hat. Vom Herd nehmen und kurz abkühlen.
3. Etwa die Hälfte des Hühnerfleisches in die Marinade geben und ca. 30 Minuten ziehen lassen. Der Rest des Hühnerfleisches wird mit Salz bestreut gegrillt.
4. Die Bambusspießchen 10 Minuten lang in kaltem Wasser einweichen lassen, damit sie beim Grillen nicht anbrennen.
5. Mariniertes Hühnerfleisch und Zwiebeln abwechselnd auf die Spießchen stecken.
6. Das restliche Hühnerfleisch mit Salz bestreuen und ebenfalls aufspießen.
7. Im gut vorgeheizten Grill bei starker Mittelhitze ca. 8 Minuten grillen. Die marinierten Spieße öfter mit Marinade bestreichen. Alle Spieße einmal wenden.
9. Jeweils zwei Spieße auf vier Teller verteilen und mit etwas Zitrone garnieren. Nach Geschmack mit rotem Pfeffer bestreuen.

Tipp:
Die Fleischmenge kann zugunsten von Gemüse, wie Schalotten, Knoblauch, Champignons, halbierten Zucchinischeiben und Paprikaschoten verringert werden.

Thunfisch à la Teriyaki (in der Pfanne zubereitet)

teriyaki in der Pfanne ist relativ schnell zubereitet. Der Fisch wird erst beidseitig gebraten und dann mit Teriyakisauce glasiert. Zum *teriyaki* eignet sich besonders Fisch mit hohem Fettgehalt. Neben verschiedenen Thunfischarten eignet sich frischer Lachs ausgezeichnet. Auch Huhn kann man so zubereiten.

Das Grundrezept für Teriyakisauce sieht alle Zutaten in gleichen Teilen vor. Diese dürfen jedoch verändert werden. Wenn man es süß mag, kann man etwas großzügiger mit *mirin* oder Zucker umgehen, oder die Sojasauce reduzieren, wenn es zu salzig ist. Insgesamt folgen drei Rezepte zum *teriyaki*. Zum einen, um zu zeigen, dass auch in der japanischen Küche mit den Proportionen der Zutaten gespielt wird, und auch, um zu zeigen, dass verschiedene Kochtechniken angewandt werden können.

4 Thunfischsteaks
Mehl zum Wenden

Grundrezept für Teriyakisauce:
150 ml Sojasauce
150 ml Sake
150 ml *mirin*
Öl zum Braten

geriebener Rettich *(daikon)* zum Garnieren
ein paar Tropfen Sojasauce für den Rettich
1 Zitrone, geviertelt

1. Thunfischsteaks beidseitig leicht in Mehl wenden.
2. Zutaten für die Teriyakisauce in einen Kochtopf geben und kurz aufkochen lassen. Von der Flamme nehmen.
3. Bratpfanne erhitzen, Öl hinzufügen, erhitzen und Thunfischsteaks bei starker Mittelhitze jeweils ca. 1-2 Minuten von beiden Seiten gut anbraten. Überschüssiges Bratöl kann abgegossen werden.
Bei Rückständen in der Bratpfanne empfiehlt es sich, den Thunfisch auf einem Bratrost abzulegen und die Bratpfanne kurz unter heißem Wasser zu reinigen und abzutrocknen, bevor die Teriyakisauce zugegeben wird.
4. Teriyakisauce über den Thunfisch in der Pfanne geben, Deckel auflegen und die Thunfischsteaks bei mäßiger Hitze noch ca. 2-3 Minuten lang garen lassen, bis die Flüssigkeit auf die Hälfte reduziert ist. Zwischendurch die Pfanne ein paar Mal leicht schwenken, damit die Thunfischsteaks nicht anbrennen.
5. Deckel abnehmen, Flamme hoch stellen und die übrige Flüssigkeit einkochen lassen. Sobald die Teriyakisauce dickflüssiger wird, die Thunfischsteaks wenden und glasieren. Teriyakisauce brennt leicht an, deshalb gelegentlich die Pfanne von der Flamme nehmen und die Thunfischsteaks etwas hin- und herschwenken, damit sie nicht anbrennen.
6. Thunfisch auf Teller geben. Geriebenen Rettich *(daikon-oroshi)* elegant davorsetzen und mit einigen Tropfen Sojasauce färben. Genaugenommen handelt es sich dann um *some-oroshi*.

Tipps:
Thunfisch kann ohne weiteres durch Fischarten wie Lachs, Heilbutt oder Kabeljau ersetzt werden. Steaks oder Filets eignen sich ebenfalls.

Sollte kein *mirin* zur Verfügung stehen, vermischt man 150 ml Sake mit 1 bis 1 1/2 EL Zucker.

Die Teriyakisauce kann zusätzlich zu den anderen Zutaten mit 1 EL geriebenem Ingwer angereichert und aufgekocht werden.

Abwandlung:
Bei diesem Rezept wird der Fisch zuerst einige Stunden in Teriyakisauce mariniert und dann in der Pfanne gebraten. Das Teriyakiaroma durchzieht vollends den Fisch und das Fischfleisch wird fester. Verkürztes Marinieren ergibt einen milderen Geschmack. Bei diesem Rezept fehlt der Sake.

4 Scheiben Thunfisch
2 Lauchzwiebeln
1 Knoblauchzehe
1 kleines Stück frischer Ingwer (ca. 1 cm lang)
100 ml Sojasauce
100 ml *mirin*
Salatöl zum Braten

Zum Garnieren:
ein ca. 5 cm langes Stück *daikon* (Rettich)
etwas Kresse
1 TL getrockneter *wakame* Seetang

1. Sojasauce und *mirin* zur Marinade verrühren. Knoblauch und Ingwer in dünne Scheiben schneiden und hineingeben.
2. Den Thunfisch in die Marinade legen und etwa 2-3 Stunden ziehen lassen, gelegentlich wenden.
3. Rettich in dünne Streifen schneiden und zusammen mit der Kresse kurz in eiskaltem Wasser erfrischen. Gut abtropfen lassen. Getrockneten *wakame* Seetang etwa 5-10 Minuten in Wasser einweichen lassen, in ein Sieb geben und gut waschen. Abtropfen lassen.
4. Eine schwere Bratpfanne gut erhitzen, Bratöl hineingeben und ebenfalls gut erhitzen. (Beschichtete Bratpfannen werden nicht erst erhitzt.)
5. Den gut abgetropften Thunfisch in die Bratpfanne geben, auf hoher Flamme ca. 2 Minuten kräftig anbraten und dann vorsichtig wenden. Anschließend bei schwacher Mittelhitze durchbraten.
6. Thunfisch auf vier Teller verteilen und mit Rettichstreifen, Kresse und etwas *wakame* garnieren.

Teriyaki im Grill – klassisch

Zum Schluss noch das klassische *teriyaki.* Der Fisch wird zuerst mariniert, dann gegrillt und dabei mit Teriyakisauce gebeizt. Der Fisch liegt 5-6 Stunden in der Marinade. Bei diesem Rezept dominiert die Sojasauce. Japaner lieben das sogenannte *shoyu-aji* (Sojasaucengeschmack) besonders bei deftigem Fisch.

4 Scheiben frisches Lachsfilet
3 EL Sake
2 EL *mirin*
100 ml Sojasauce
ca. 8 EL geriebener Rettich
2 Lauchzwiebeln, nur das Grüne, in dünne Röllchen geschnitten

1. Aus Sake, *mirin* und Sojasauce eine Marinade bereiten und den Lachs darin ca. 5 Stunden ziehen lassen.
2. Den Fisch gut abtropfen lassen und im stark vorgeheizten Grill oder Bratofen etwa 6 Minuten grillen, wenden und weitere 3 Minuten grillen. Die Marinade nicht wegschütten, sie wird zum Beizen verwendet.
3. Die Oberseite des Fisches schnell mit der Marinade einpinseln, grillen bis die Marinade getrocknet ist und den Vorgang mit der Rückseite wiederholen.
4. Fisch auf vier Teller geben. An den vorderen, rechten Rand einen hügelförmigen Klecks geriebenen Rettich setzen und alles mit Lauchzwiebelröllchen bestreuen.

Maguro no kushi-yaki (Gegrillte Thunfischspieße)

Spieße bieten eine nette Abwechslung und eignen sich gut für kleine Feiern.

300 g frisches Thunfischfilet
6 Lauchzwiebeln, nur das Weiße
1 EL *mirin*
3 1/2 EL Sojasauce
4 Zitronenscheiben zum Garnieren
4 Bambus- oder Holzspieße

1. Thunfisch und Lauchzwiebeln in mundgerechte Stücke schneiden.
2. Aus *mirin* und Sojasauce eine Marinade zubereiten und den Thunfisch 30 Minuten darin ziehen lassen. (Die Marinade aufheben, sie wird zum Beizen weiterverwendet.)
3. Die vier Holzspieße einige Minuten in Wasser einweichen.
4. Die gut abgetropften Thunfischstücke abwechselnd mit den Lauchzwiebelstücken auf die Holzspieße stecken und in den stark vorgeheizten Grill schieben. Nach einigen Minuten mit Marinade bestreichen und weitergrillen, bis die Marinade getrocknet ist. Anschließend wenden und auf der anderen Seite ebenso verfahren.
5. Die Spieße auf vier Tellern anrichten und mit Zitrone garnieren.

Teppanyaki

teppanyaki ist ein rustikales Grillessen. Besonders im Sommer, zu Familienfesten und wenn gute Freunde zu Besuch kommen ist *teppanyaki* gerade richtig. Dann wird draußen auf der Terrasse oder im Garten (ein Luxus in der Großstadt) eine gusseiserne Platte *(teppan)* über ein Feuer gelegt, erhitzt und mundgerecht geschnittene Meeresfrüchte, Gemüse und Innereien oder Fleisch werden darauf gegrillt. Dazu gibt es diverse Tunken und natürlich Reis. Für *teppanyaki* gibt es aber auch elektrische, beschichtete Grillplatten zum Grillen am Tisch. Die Temperatur lässt sich mit einer beschichteten *teppanyaki* Platte gut kontrollieren.

Die unten angegebenen Zutaten können durch folgende mundgerechte Zutaten ergänzt oder ersetzt werden: Calamari, Jakobsmuscheln, Fischfilet, Hühner- oder Schweinefleisch, Zucchini, Weißkohl, Champignons, Süßkartoffeln, Kartoffeln, Hokkaidokürbis, gekochte Glasnudeln und *yakisoba* Nudeln.

300 g Rindfleisch (es muss kein Filet sein, etwas durchwachsen ist gut)
100 g Hühnerleber
8 Garnelen
8 Venusmuscheln (im Kühlschrank, einige Stunden in Salzwasser ruhen lassen)
1-2 große Zwiebeln
2 Paprikaschoten
8 Shiitakepilze
2 kleine Auberginen
2 Mohrrüben
200 g frische Sojabohnensprossen
1 Maiskolben
etwas Öl, nach Bedarf
Salz
Pfeffer

1. Das Fleisch in sehr dünne Scheiben schneiden. Dazu lässt man das Fleisch am besten leicht anfrieren. Anschließend in mundgerechte Stücke schneiden. Direkt vor dem Grillen leicht mit Salz und Pfeffer bestreuen.
2. Die Leber abspülen und abtropfen lassen. Mit Salz und Pfeffer leicht würzen.
3. Die Garnelen auslösen, von Kopf und Darm befreien.
4. Die Venusmuscheln sollten ausgelöst sein, um die beschichtete *teppanyaki* Grillpfanne nicht zu beschädigen. Auf einer gusseisernen Grillpfanne werden sie mit Schale gegrillt.
5. Zwiebeln in Ringe schneiden.
6. Paprikaschoten in dickere Streifen, Mohrrüben der Länge nach in dünne Scheiben schneiden.
7. Auberginen in ovale Scheiben schneiden, oder längs halbieren und fächerförmig einkerben.
8. Von den Shiitakepilzen die Stiele entfernen, getrocknete Pilze müssen erst eingeweicht werden.
9. Den Maiskolben blanchieren und mit einem schweren Messer vierteln.
10. Die Sojabohnensprossen gut abspülen und abtropfen lassen.
11. Der *teppanyaki* Grill wird aufgeheizt und evtl. mit etwas Pflanzenöl leicht ausgefettet. Wenn der Grill heiß ist und alle Gäste am Tisch sitzen, kann man Fleisch, Meeresfrüchte und andere Zutaten grillen. Vor dem Verzehr können diese in eine der Tunken gedippt werden. Dazu gibt es Reis.

Für die Sesamtunke:
2 EL Sesam
4 EL Reisessig
2 TL Zucker
1 EL Sojasauce
1 Prise Salz
1 gestrichener TL Senf *(karashi)*

Alle Zutaten gut vermischen und in Portionsschälchen füllen.

Für die Chilitunke:
1 EL gehackte Lauchzwiebel
1 EL Sojasauce
1 EL Zucker
1 EL Reisessig
1 EL Sake
2 TL Sesamöl
1/2 TL Cayennepfeffer
1/2 TL Saft von geriebenem Ingwer

Sämtliche Zutaten gut vermischen und auf Portionsschälchen aufteilen.

Für die Zitronen-Rettich-Tunke:
1 unbehandelte Zitrone
6 EL geriebener Rettich
1 EL *dashi*
2 TL Sojasauce
1 Prise Salz

1. Die Zitronenschale abreiben und anschließend den Zitronensaft auspressen.
2. Den Rettich reiben.
3. Zitronensaft, geriebene Zitronenschale und alle anderen Zutaten vermengen und auf vier kleine Schälchen verteilen.

Für die Mayonaisentunke:
5 EL Mayonaise
1 EL Zitronensaft
1-2 EL Sojasauce

Zutaten gut miteinander vermischen und abschmecken.

Okonomi-yaki (Gegrillte Pfannkuchen)

Abschließend zum Thema Grillen ein zweites Rezept, welches den *teppanyaki* Grill zum Einsatz kommen lässt. *okonomi-yaki* bedeutet wörtlich: „nach persönlicher Vorliebe gegrillt". Es handelt sich um untertassengroße Pfannkuchen aus Mehl und Ei, die mit Meeresfrüchten, Fleisch, Speck und Gemüse belegt werden. Dieses ist eine Art japanische Pizza aus der Gegend um Hiroshima und Nagasaki. Ein schnelles Gericht für unerwarteten Besuch. Wichtig ist, dass alle Zutaten sehr dünn geschnitten werden, damit sie schnell garen.

Für den Teig:
300 g Mehl
1 großes Ei
250 ml Wasser
1 TL Backpulver
100 g geraspelter Weißkohl

Als Belag:
200 g zartes Fleisch (Huhn, Schwein oder Rind)
200 g Meeresfrüchte (küchenfertige Garnelen, Calamari, Jakobsmuscheln)
1 Paprikaschote
150 g Sojabohnensprossen
4-5 frische Shiitakepilze, (ersatzweise frische Pilze nach Geschmack)
4 EL gehackte Lauchzwiebel
Öl
Bonitenflocken
nori Seetang (*kizami nori,* in feine Streifen geschnitten)

Für die Mayonaisentunke zum Bestreichen:
6 EL Mayonaise
1 EL Sojasauce
1 EL Zitronensaft

Zutaten gut vermischen.

5 EL t*onkatsu sauce* (im Handel erhältlich)

toukatsu sauce erinnert an Worcestersauce, schmeckt aber wesentlich süßer und ist zähflüssiger. Alternativ kann man selbst eine Ketchup-„Sosu"-Tunke anrühren. Dazu wird Ketchup mit etwas herkömmlicher Worcestersauce, etwas Zucker, Sake und Sojasauce verrührt.

1. Mehl, Backpulver, Ei und Wasser in einer Schüssel flockig rühren und fein geraspelten Weißkohl darunterheben.
2. Fleisch in hauchdünne Scheiben und dann in mundgerechte Stücke schneiden.
3. Calamari in feine Streifen, Jakobsmuscheln in kleine Stückchen schneiden.
4. Garnelen sind ausgelöst. Große einmal halbieren.
5. Paprikaschoten und Pilze in feine Streifen schneiden.
6. Wurzeln (die langen Fäden) der Sojabohnensprossen entfernen.
7. Die Tunken anrühren.
8. Den *teppanyaki* Grill gut erhitzen, etwas Öl hineingeben.
9. Eine knappe Kelle mit Teig auf dem Grill in Untertassengröße ausstreichen.
10. Den Pfannkuchen mit 2-3 Zutaten belegen. Nicht zu großzügig aufschichten, sonst dauert die Garzeit zu lange.
11. Wenn der Teig nicht mehr läuft und auf der Unterseite Farbe annimmt, den Pfannkuchen umdrehen und ca. 3-4 Minuten weitergrillen.
12. Die bereits gebratene Seite reichlich mit Tunke bestreichen.
13. Den fertigen Pfannkuchen mit der belegten Seite nach oben auf einen Teller heben und auch diese Seite nach Belieben mit Tunke bestreichen und mit Bonitenflocken oder *nori* bestreuen.

炒め物

Itamemono (Sautiertes)

itameru bezeichnet das schnelle Sautieren von kleingeschnittenem Fleisch und/oder Gemüse unter Zugabe von Fett in der Bratpfanne oder im Wok bei sehr heißer Temperatur. *itameru* ist eine Art *yaku,* grillen *(yakimono)* und wurde von der chinesischen Küche übernommen.

Hier kommt ein Gasherd sehr gelegen, denn die Temperatur lässt sich damit besser regeln. Schnelles Vorgehen ist oberstes Gebot. Die Vorbereitungen sind wesentlich zeitintensiver als das eigentliche Garen. Sämtliche Zutaten müssen in dünne, mundgerechte Stücke vorgeschnitten sein, und die Gewürze und Saucen müssen bereitstehen. Länger garende Zutaten wie Mohrrüben werden zuerst sautiert. Während des Sautierens, des kurzen schnellen Bratens, wird von Profis die Pfanne mit einer Hand stets hin- und hergeschwenkt, während die andere Hand mit einem Küchenlöffel das Bratgut wendet.

Zu schwache Temperatur beim Sautieren von Fleisch, lässt die Säfte austreten und das Fleisch zäh werden. Die Bratpfanne oder der Wok sollen ruhig rauchen, bevor das Bratöl hinzugegeben wird. Beschichtete Pfannen sind davon ausgenommen. Beim Hineingeben des Öls die Bratpfanne gut schwenken, damit sie gleichmäßig gefettet ist. Sollten sich beim Fleischanbraten sehr stark angeröstete Rückstände gebildet haben, empfiehlt es sich, die Bratpfanne mit heißem Wasser (ohne Seife) kurz zu reinigen, abzutrocknen und erneut aufzuheizen, bevor frisches Öl zugegeben wird. Diesen Extraschritt auszulassen haben schon viele bereut, das Essen sieht unansehnlich aus und schmeckt bitter. Gutes Sautieren bedarf einiger Übung, es lohnt sich aber. Man kann so auf schnelle Art ein Gemüsegericht mit oder ohne Fleisch bereiten.

Grundrezept für Sautiertes mit Gemüse und Fleisch

10 Weißkohlblätter
1 Mohrrübe
1 große Zwiebel
1 Paprikaschote
300 g Schweinefleisch
30 g frischer Ingwer
6 Shiitakepilze
1 1/2 EL Stärkemehl
Salz
Pfeffer
4 EL Öl

1. Weißkohlblätter und Paprikaschote in mundgerechte Stücke schneiden. Zwiebel achteln.
2. Mohrrüben in dünne Streifen schneiden.
3. Getrocknete Shiitakepilze 20 Minuten in lauwarmem Wasser einweichen, ausdrücken und halbieren. Frische Pilze einfach halbieren.
4. Schweinefleisch in hauchdünne Scheiben und anschließend in mundgerechte Stücke schneiden.
5. Ingwer in feine Streifen schneiden.
6. Eine schwere Bratpfanne oder einen Wok sehr stark erhitzen, 1 EL Öl hineingeben, gut erhitzen und den Weißkohl schnell andünsten, leicht salzen und pfeffern und auf einen Teller geben.
7. 1 EL Öl in den heißen Wok geben, Öl stark erhitzen, Mohrrüben von allen Seiten gut andünsten. Die Zwiebel und schließlich die Paprikaschote mit hineingeben, leicht sautieren, mit etwas Salz und Pfeffer würzen und auf einen Teller geben.
8. Schweinefleisch leicht salzen und pfeffern, in Stärkemehl wenden. 2 EL Öl in den heißen Wok geben, Öl aufheizen und das Schweinefleisch von allen Seiten gut bräunen. Je nach Fleischmenge empfiehlt es sich das Fleisch in zwei Gängen anzubraten. Damit wird vermieden, dass die Temperatur zu sehr absinkt.
9. Anschließend den Ingwer zum Fleisch geben und sautieren.
10. Die Shiitakepilze zugeben. Frische Pilze saugen viel Öl auf, also entsprechend Öl zusetzen.
11. Wenn das Fleisch gar ist, den Weißkohl und die restlichen Gemüse zurück in den Wok geben und alles schnell und gut vermischen, mit Salz und Pfeffer abschmecken und servieren. Die gesamte Bratzeit begrenzt sich auf etwa 3-4 Minuten.

Tipp:
Ingwer passt besonders gut zu Fleisch. Knoblauch und gehackte Lauchzwiebel können auch zum Würzen benutzt werden.

Kyabetsu no okaka itame (Sautierter Weißkohl mit Bonitenflocken)

Chinesische Kochtechnik mit japanischen Zutaten wie *chikuwa* und Bonitenflocken.

400 g Weißkohl
2 Streifen gekochte Fischpaste *(chikuwa)*
1 EL Öl
10 g Bonitenflocken
2-3 TL Sojasauce

1. Den Weißkohl in einzelne Blätter zerlegen, den harten, bitteren „Stiel“ entfernen und die einzelnen Blätter in feine Streifen schneiden.
2. Die Fischpaste in dünne Scheiben schneiden.
3. Eine Bratpfanne erhitzen, Öl hineingeben und bei starker Hitze den Weißkohl andünsten.
4. Wenn der Weißkohl glasig zu werden beginnt, die Fischpaste hinzugeben, kurz unterheben, zuletzt die Bonitenflocken und Sojasauce untermischen.

Variation:
Statt der Fischpaste wie bei *kyabetsu no okaka itame,* wird ein Würstchen verwendet.

揚げもの

Agemono (Frittiertes)

Bei Frittiertem wird grob zwischen *tempura* und *kara-age* unterschieden. *tempura* erfordert die Zubereitung eines Teiges zum Ausbacken, bei *kara-age* wird Paniermehl verwendet. Voraussetzung für gelungene *agemono* sind gutes, geschmacklich neutrales Pflanzenöl zum Ausbacken (also kein Olivenöl) und eine gleichbleibende Temperatur von ca. 170-180 °C. Zum Frittieren eignet sich ein dickwandiger, tiefer Kochtopf oder ein Frittiertopf, damit die Temperatur auch während des Ausbackens möglichst konstant bleibt. *tempura* und andere Frittiergerichte schmecken ganz frisch ausgebacken am besten. Damit möglichst jeder in den Genuss heißer Leckereien kommt, einschließlich des Kochs/der Köchin, empfehlen sich einige Vorarbeiten. Der Tisch sollte schon fertig gedeckt sein, und bei *tempura* sollte die begleitende Tunke schon fertig in Portionsschälchen eingefüllt vor jedem Gast stehen.

Ein paar nützliche Kniffe:

- Sämtliche Zutaten vor dem Ausbacken mit einer Papierserviette oder etwas Küchenkrepp gut abtupfen.
- Auch bei geschälten Garnelen wird das Schwanzende beibelassen. Allerdings ritzt man es mit dem Messer etwas ein und drückt vorhandenes Wasser mit den Fingern heraus. Anschließend werden die Garnelen mit Küchenkrepp gut abgetrocknet.
- Wer aromatischeres, goldenes Tempura liebt, reichert das neutrale Pflanzenöl mit zwei Teilen Sesamöl (aus geröstetem Sesam) an.
- Generell beschränkt man sich bei den auszubackenden Zutaten auf etwa fünf verschiedene Sorten, damit das Öl nicht überansprucht wird.

Tempura

Als Zutaten eignen sich Fisch, Meeresfrüchte und verschiedene Gemüsesorten. Besonders geeignet sind: Garnelen, Calamari, Jakobsmuscheln, Austern und Fischfilet. *tempura* soll schön leicht und knusprig sein. Die *tempura* beim Anrichten nicht übereinander stapeln, sie werden sonst weich.

8-12 Garnelen (je nach Größe)
1 großes Calamaristeak
4 Jakobsmuscheln, vom Bart befreit
4 essfertige Austern
8 lange, grüne Bohnen
1/2 Blatt *nori,* in fingerdicke Scheiben geschnitten
etwas Mehl zum Bestäuben

Für den Teig:
1 Ei
150 ml eiskaltes Wasser
100 g Weizenmehl
1 Eiswürfel

Für die Tunke:
30 g Bonitenflocken
200 ml Wasser
50 ml *mirin*
50 ml Sojasauce

1 Tasse geriebener Rettich
1/2 Tasse geriebener Ingwer

1. Die Garnelen bis auf den Schwanz schälen und den Darm mit einem Zahnstocher oder spitzen Messer entfernen.
2. Mit einer Messerspitze die Schwanzenden einritzen, um Wasserrückstände zu entfernen.
3. Die Bauchseite 2-3-mal leicht einkerben, damit sich die Garnelen nicht verformen.
4. Die Calamarischeibe in acht Streifen schneiden und von beiden Seiten mit einem scharfen Messer leicht schräg im Karomuster einritzen, damit sie sich nicht wölben. Anschließend mit einem dünnen Streifen Nori umwickeln.
5. Die Jakobsmuscheln halbieren, so dass man zwei dünnere Scheiben erhält.
6. Die Austern bereitlegen.
7. Grüne Bohnen einmal durchbrechen.
8. Die Tunke zubereiten. Sämtliche Zutaten in einen kleinen Topf geben, aufkochen und abkühlen lassen, durch ein Sieb seihen und schließlich in kleine Portionsschälchen füllen.
9. Rettich und frischen Ingwer jeweils reiben und je einen Klecks auf Portionsschälchen setzen.
10. Das Öl in die Fritteuse oder den Kochtopf geben und bei mittlerer Hitze auf 180 °C erhitzen.
11. Während sich das Öl erhitzt, wird der Tempurateig gefertigt. Dazu das Ei in eine Schüssel geben, das eiskalte Wasser, das Mehl und den Eiswürfel zugeben. Alles leicht mit einer Gabel vermischen, mehr unterheben. Auf keinen Fall stark vermischen oder schlagen. Der Teig darf klumpig aussehen.
12. Die Zutaten direkt vor dem Ausbacken jeweils leicht mit Mehl bestäuben, in den Backteig tauchen und vorsichtig in das heiße Öl geben. Die Fritteuse darf nicht zu voll sein. Die einzelnen Stücke müssen frei herumschwimmen können. Alles 2-3 Mal wenden, mit einer Schaumkelle herausheben und auf einem Sieb oder Grillrost gut abtropfen lassen. Die nächsten Zutaten ausbacken und so weiter verfahren, bis alle Zutaten ausgebacken sind.
13. Jeweils eine weiße Papierserviette gefaltet auf einen kleinen Teller legen, die *tempura* darauf anrichten.
14. Jeder Gast mischt nach Belieben je etwas Rettich und etwas Ingwer in die Tunke und dippt die *tempura* hinein. Dazu gibt es Reis.

Tipp:
Damit der Teig kalt bleibt, stellt man die Teigschale in eine größere mit Eiswürfeln und Wasser gefüllte Schüssel.

Varianten:
seishin-age, eine *tempura* Variante, bezeichnet frittiertes Gemüse. Bis zu fünf Gemüsesorten, die sich farblich ergänzen, werden ausgebacken. Z. B. Shiitakepilze, grüne Bohnen, Mohrrüben, Hokkaidokürbis, Spargel, Lotuswurzel. Die Gemüse werden in dünne Scheiben oder Stücke geschnitten. Hierbei ist die Temperatur zum Ausbacken etwas schwächer. Auch hierbei sollte nur frisches Öl verwendet werden.

kaki-age ist eine zweite Variante von Tempura. Das Besondere daran ist, dass die Zutaten in sehr kleine Stückchen geschnitten und im Backteig vermengt werden, bevor sie zu kleinen Küchlein ausgebacken werden. *kaki-age* ist vorzüglich als kleiner Imbiss zu Bier.

Ika to naganegi no kaki-age
(*Kaki-age* mit Calamari und Lauchzwiebel)

Der Teig und die Tunke werden wie bei *tempura* zubereitet. Für den Teig reicht jedoch die halbe Menge. Verfahren Sie wie oben bei *tempura.* Der Tisch ist schon fertig gedeckt, die Tunke steht auf dem Tisch vor jedem Gast.

3-4 Lauchzwiebeln
200 g Calamaristeak
4 TL Mehl zum Bestäuben

1. Das Calamaristeak in kleine Streifen oder Würfel hacken und die kleinen Stückchen mit einem Stück Küchenkrepp gut abtupfen.
2. Die Lauchzwiebeln in ca. 1 cm lange Stücke schneiden.
3. Lauchzwiebel und Calamari in jeweils vier Portionen teilen.
4. Während der Tempurateig zubereitet wird, kann das Öl auf etwa 160 °C erhitzt werden.
5. Eine Portion Lauchzwiebel und eine Portion Calamari in eine kleine Schale geben, mit Mehl bestäuben, ein Viertel des Tempurateiges hinzufügen und leicht vermischen.
6. Das Tempuraküchlein vorsichtig in das heiße Öl gleiten lassen, ausbacken und dabei einige Male wenden. Jeweils nur ein Küchlein ausbacken. Mit einer Schaumkelle herausheben und gut abtropfen lassen.

Variante:
Zur Abwechslung können auch gehackte Zwiebeln mit rohen Krabben vermischt werden.

Kara-age

Zum Panieren von *kara-age* wird Speisestärke (Kartoffelmehl oder Mondamin) genommen. Wenn *„panko"*, japanisches Semmelmehl zum Panieren verwendet wird, nennt man das *furai*. Japanisches Semmelmehl ist gröber als westliches. Bei *kara-age* und *furai* ist es wichtig, überschüssiges Paniermehl abzuschütteln, damit das Öl nicht vorzeitig übersättigt ist. Das aufgehobene Tempuraöl kann „zum zweiten Aufguss" wiederbenutzt werden.

Karei-no kara-age

4 kleine Schollen, ausgenommen (mit Schwanz und Kopf)
Momiji-oroshi (geriebener Rettich mit gemahlener roter Pfefferschote)
20 cm Rettich
gemahlene rote Pfefferschote
2 EL Lauchzwiebelröllchen zum Bestreuen
sujoyu (Dip aus Sojasauce und Essig)
100 ml Sojasauce
100 ml Essig
1/2 Tasse Stärkemehl
etwas Salz
Öl zum Ausbacken

1. Den Rettich reiben und mit gemahlenem roten Pfeffer vermischen.
2. Die Sojasaucen-Essig-Tunke vermischen und in vier kleine Schälchen geben.
3. Die ausgenommenen, entschuppten Schollen einige Male quer einritzen und gut abtupfen.
4. Das Frittieröl auf ca. 180 °C erhitzen. Währenddessen die erste Scholle beidseitig, erst leicht, mit Salz bestreuen und dann mit Stärkemehl bestäuben.
5. Die Scholle am Schwanzende halten und vorsichtig in das heiße Öl gleiten lassen, einige Male wenden und auf beiden Seiten goldbraun frittieren.
6. Vorsichtig herausheben und abtropfen lassen.
7. Eine gefaltete weiße Serviette auf einen Teller legen und die Scholle darauf anrichten. Scholle mit einem Klecks geriebenem Rettich und Lauchzwiebelröllchen garnieren. Servieren und die anderen Schollen ebenso zubereiten.

Tonkatsu

4 Schnitzel

Zum Panieren:
etwas Mehl
2 Eier
Paniermehl

Als Beilage:
fein geraspelter Weißkohl
etwas Senf

Für die Tunke:
3 EL Tomatenketchup
1 1/2 EL japanische Worcestersauce
1/2 TL Zucker
1 EL Sake
(Alternativ, fertig gekaufte Tonkatsu Sauce)

1. Den Weißkohl fein raspeln und auf vier Essteller verteilen. Rechts daneben einen kleinen Klecks Senf setzen.
2. Die Ketchuptunke zubereiten. Alle Zutaten gut vermischen und in vier Schälchen geben.
3. Die Schnitzel jeweils halbieren. Sie sollen etwa 1 1/2 cm dick sein.
4. Das Frittieröl auf etwa 170 °C erhitzen. In der Zwischenzeit die Schnitzel leicht in Mehl, Ei und Paniermehl wenden.
5. Jeweils ein paniertes Schnitzel ausbacken, abtropfen lassen und servieren. Bevor das nächste Schnitzel ausgebacken wird, abgefallenes Paniermehl mit einer Schaumkelle entfernen.
6. Jeweils zwei Schnitzel servieren. Nach Belieben in die Tunke dippen.

Tipp:
In der gleichen Weise kann man geputzte Garnelen und Austern frittieren. Bei den Garnelen bleibt der Schwanz wie bei Tempura ungepellt.

Agedashi-dofu (Frittierter Tofu mit *dashi*)

Ausgebackenes Tofu, mit feingeraspelten Lauchzwiebeln und etwas Bonitenflocken. Dazu eine Dipsauce oder einfach Sojasauce. Entscheidend ist, den Tofu gut auszupressen, um den Wassergehalt zu reduzieren.

2 größere Tofustücke, etwa 800 g
2 Lauchzwiebeln, nur das Weiße
2 EL Bonitenflocken
1-2 EL Stärkemehl
Frittieröl

Für den Dip:
200 ml *dashi*
50 ml Sojasauce
50 ml *mirin*

1. Den Tofu in ein feines Baumwolltuch oder ein sauberes Küchenhandtuch einwickeln, auf ein Küchenbrett legen. Ein zweites Küchenbrett (oder einen ähnlichen Gegenstand) auf den Tofu auflegen und ihn so 10 Minuten liegenlassen, um das Wasser auszupressen. Das Gewicht sollte nicht zu schwer sein, sonst platzt der Tofu auseinander.
2. Lauchzwiebeln fein raspeln.
3. Die Zutaten für den Dip in einen Kochtopf geben, aufkochen lassen, durch ein Sieb seihen und auf vier Portionsschalen verteilen.
4. Das Frittieröl auf 170 °C erhitzen.
5. Während das Öl erhitzt wird, die beiden Tofustücke jeweils halbieren.
6. Direkt vor dem Ausbacken jeweils ein Stück leicht in Stärkemehl wenden, vorsichtig abklopfen und sanft in die Fritteuse geben.
7. Wenn der Tofu leicht goldbraun gebacken ist, vorsichtig mit einer Schaumkelle herausheben und abtropfen lassen.
8. Den ausgebackenen Tofu in die mit Dip gefüllten Schalen geben und mit Lauchzwiebeln und Bonitenflocken garnieren.

Daigaku-imo (Frittierte Süßkartoffeln)

Ein Rezept mit kuriosem Namen, „Universitätskartoffeln“. Es handelt sich um frittierte Süßkartoffeln *(satsuma imo),* die anschließend glasiert und mit Sesam bestreut werden. Als leichter Imbiss zum Tee am Nachmittag.

500 g Süßkartoffeln
Öl zum Frittieren
100 g Zucker
3 El Wasser
1 EL Sirup
Sesamkörner

1. Süßkartoffeln großzügig schälen, in mundgerechte Stücke schneiden und in einer Schüssel mit Wasser waschen und gut abtropfen lassen.
2. Öl zum Frittieren in einem schweren Kochtopf oder Wok auf ca. 170 °C erhitzen. Das Öl darf nicht zu heiß werden, sonst sind die Süßkartoffeln außen zwar schön gold, aber innen noch roh.
3. Die Süßkartoffeln mit Küchenkrepp gut abtupfen, ins heiße Öl geben und goldbraun frittieren.
4. Mit einer Schaumkelle herausheben und auf einem Backrost gut abtropfen lassen.
5. Zucker und Wasser in einem Kochtopf erhitzen, bis sich der Zucker vollständig aufgelöst hat und Fäden zieht.
5. Den Sirup hineingeben und unterziehen.
7. Die frittierten Süßkartoffeln hineingeben und glasieren.
8. Mit geröstetem Sesam bestreuen und servieren.

Yudemono (Kurz Blanchiertes)

Der Begriff *yuderu* (kochen) bezeichnet hauptsächlich eine Vorstufe des Kochprozesses. Es handelt sich um Gemüse, aber auch um Schalentiere, Garnelen und Fleischsorten, die kurz blanchiert werden und dann zu Speisen wie *ohitashi, a-e-mono* (oder *su-no-mono*) weiterverarbeitet werden.

浸し物

Ohitashi

ohitashi sind Gemüse, die kurz in heißem Wasser blanchiert, mit kaltem Wasser kurz abgeschreckt und anschließend mit etwas Sojasauce angemacht werden. Oft wird die Sojasauce mit *dashi* gestreckt, um einen milderen Geschmack zu erzielen. Zum *ohitashi* eignen sich besonders grüne Gemüse, wie Spinat, grüner Spargel, Weißkohl, Kresse usw. Durch die schonende Zubereitungsart bleiben die Vitamine und Farbe der Gemüse erhalten. Charakteristisch ist, dass *ohitashi* nicht als heiße, dampfende Gemüse serviert werden, sondern eher kühl oder bei Zimmertemperatur.

Spinat Ohitashi

1 Bund Spinat
etwas Sesamkörner oder Katsuoflocken
Sojasauce

1. Spinat gut waschen. (In Japan schätzt man auch die Wurzeln.)
2. Einen großen Topf leicht gesalzenes Wasser zum Kochen bringen.
3. Spinat ca. eine Minute lang blanchieren, in ein Sieb gießen und mit viel kaltem Wasser, am besten in einer Schüssel oder in der Spüle, abschrecken.
4. Stiele zusammenfassen (das klappt gut, wenn der Spinat noch im kalten Wasser schwimmt) und mit beiden Händen das Wasser gut ausdrücken.
5. Die feste Spinatrolle in vier Teile schneiden und in Schälchen aufstellen.
6. Mit ein paar Tropfen Sojasauce beträufeln und nach Belieben mit Sesam oder Katsuoflocken bestreuen.

Ohitashi mit grünem Spargel

400 g Spargel
etwas Salz
150 ml *dashi*
1-2 EL Sojasauce

1. Spargel gut waschen, den unteren, harten Teil entfernen und den übrigen Stängel evtl. schälen.
2. Spargel in leicht gesalzenem, siedendem Wasser 2-3 Minuten blanchieren. Herausnehmen und kurz abschrecken.
3. *dashi* mit Sojasauce vermischen, Spargel sofort hineingeben und knapp 10 Minuten ziehen lassen.
4. Spargel quer in mundgerechte Stücke schneiden, für die Optik einige Stängel zusätzlich der Länge nach aufschneiden.
5. In vier kleinen Schalen hügelförmig anrichten und jeweils ein oder zwei längs geschnittene Stängel aufrecht stellen.

Aemono (Angemachtes)

あえ物

aemono gehen einen Schritt weiter als *ohitashi.* Die blanchierten Gemüse werden neben Sojasauce mit Sesam, *miso* oder Tofu angemacht, sie sind somit eine Art gekochter Salat. In der traditionellen japanischen Küche fehlen westliche Rohkostsalate.

Goma-Yogoshi mit grünen Bohnen (Mit Sesam Angemachtes)

Die grünen Bohnen dürfen nicht zu weich gekocht werden. Sojasauce, gemahlener Sesam und *mirin* ergeben einen interessanten Geschmack. Auch Spinat eignet sich für dieses Rezept.

200 g grüne Bohnen
Salz
4 EL gerösteter Sesam
1 EL *mirin*
1 EL Sojasauce

1. Gerösteten Sesam (im Mörser oder einer Küchenmaschine) mahlen. Ungerösteter Sesam wird in einer heißen, ungefetteten Bratpfanne kurz angeröstet.
2. Einen großen Topf mit leicht gesalzenem Wasser zum Kochen bringen.
3. Grüne Bohnen putzen, in zwei Hälften brechen und ins kochende Wasser geben. Sie sollen gar aber noch bissfest sein.
4. Herausnehmen und in reichlich kaltem Wasser abschrecken. So behalten die Gemüse ihre Farbe.
5. Grüne Bohnen in dünne schräge Streifen schneiden.
6. Gemahlenen Sesam in eine Schüssel geben, mit *mirin* und Sojasauce vermengen.
7. Grüne Bohnen hineingeben, gut vermengen und in vier kleine Servierschälchen füllen.

Klassisch ist schwarzer Sesam zu grünen Bohnen und weißer Sesam zu Spinat oder (essbaren) Chrysanthemenblättern. Sollten Sie keinen *mirin* zur Hand haben, wird statt *mirin* und Sojasauce mit einem knappen EL Zucker, einem EL Sake und einem EL Sojasauce gewürzt. Um den starken Eigengeschmack der Sojasauce zu kaschieren, wird die Sojasauce zu gleichen Teilen mit *dashi* gemischt.

Shira-ae (Tofu Salatsauce mit Spinat)

Blanchierte Gemüse mit einer auf Tofu basierenden Sauce. Zu *shira-ae* eignen sich besonders grüne Blattgemüse, Mohrrüben und Shiitakepilze.

Shira-ae mit Mohrrüben und Shiitake

3 frittierte Tofutaschen
1 Mohrrübe
3-4 getrocknete Shiitakepilze
7-8 Zuckerschoten
300 ml *dashi*
1 EL Sojasauce
1 EL Zucker

Für die Sauce
400 g Tofu (*kinugoshi*, die weichere Sorte)
4 EL gerösteter Sesam
1 EL Zucker
1 1/2 EL *mirin*
1/2 EL Sojasauce

1. Die frittierten Tofutaschen in kochendem Wasser blanchieren. Abtropfen lassen und in feine Streifen schneiden.
2. Mohrrüben schälen, quer halbieren und jede Hälfte jeweils in dünne Rechtecke schneiden. Diese noch einmal der Länge nach halbieren, dickere Streifen also.
3. Die Shiitakepilze einweichen, Stiel entfernen und in Streifen schneiden.
4. Die Zuckerschoten blanchieren, abschrecken und schräg in feine Streifen schneiden.
5. *dashi*, Sojasauce und Zucker in einem Kochtopf aufkochen. Mohrrüben und Shiitakepilze hineingeben und dünsten, bis die Flüssigkeit fast eingekocht ist.
6. Tofu in kochendem Wasser blanchieren. Abtropfen und mit Küchenkrepp oder einem sauberen Küchenhandtuch gut abtupfen.
7. Tofu in ein trockenes Baumwolltuch einwickeln, mit einem Essteller beschweren und 20 Minuten stehen lassen, um das Wasser aus dem Tofu auszupressen.
8. Tofu anschließend durch ein feines Sieb pürieren.
9. Gerösteten Sesam mahlen, in eine große Schüssel füllen und mit püriertem Tofu, Zucker, *mirin* und Sojasauce gut vermischen.
10. Direkt vor dem Anrichten die Gemüse, die Zuckerschoten und die frittierten Tofutaschenstreifen mit der Tofusauce gut vermengen und in Schälchen füllen.

酢の物

Su-no-mono (Mit Essig Angemachtes)

su-no-mono sind sehr erfrischend. Vor dem eigentlichen Anmachen mit Essig werden die Zutaten mit verschiedenen Methoden vorbehandelt. Gurke zieht beispielsweise erst in Salzwasser oder wird wie Mohrrübe oder Weißkohl mit etwas Salz durchgeknetet, um die Säfte austreten zu lassen, und dann ausgedrückt. Dadurch nehmen die Zutaten das Essigaroma besser auf. Hühnerfleisch und Garnelen werden zuerst in etwas Sake, einem Schuss Wasser und einer Prise Salz gegart.

su-no-mono werden in tieferen Schalen hügelförmig angerichtet. Die Portionen werden eher knapp gehalten und natürlich garniert. Die Essigsauce wird gelegentlich auch mit geriebenem Rettich oder geriebener Gurke angereichert. Zum Garnieren eignen sich in dünne Streifen geschnittener *nori*-Seetang *(kizami-nori),* Bonitenflocken, japanischer Meerrettich *(wasabi)* und sogar diverse *tsukemono* (Eingelegtes). Die Zutaten beim Garnieren werden hier *tenmori* genannt. *su-no-mono* wirken appetitanregend und fehlen im Sommer selten beim Essen.

Karashi su miso (Thunfisch mit Essig und *miso* angemacht)

Appetitanregend und farblich sehr attraktiv. Nach Geschmack kann die Senfmenge variiert werden.

50 g weißes *miso*
1 TL *karashi* (japanischer Senf oder scharfer Senf)
3 EL Zucker
1 EL Reisessig
1 1/2 EL *dashi*
100 g Thunfischfilet (zum Rohessen)
3 Lauchzwiebeln (nur das Grüne)
1 TL getrockneter *wakame* Seetang

1. *miso,* Senf, Zucker, Reisessig und *dashi* gut vermischen.
2. Lauchzwiebeln in 2 cm lange Stücke schneiden und blitzschnell in kochendem Wasser blanchieren, abschrecken und abtropfen.
3. *wakame* Seetang 5-10 Minuten in kaltem Wasser quellen lassen, abspülen und gut abtropfen.
4. Thunfisch *(kaku zukuri)* klein würfeln.
5. Direkt vor dem Servieren Thunfisch, Lauchzwiebeln und *wakame* mit der Sauce vermengen und auf vier Portionsteller verteilen.

Su-no-mono mit *wakame*, Gurke und Krebsfleisch

1/2 Gurke
2-3 EL getrockneter *Wakame*
2 Krebsbeine (gekochtes Fleisch, alternativ Krebsfleisch aus der Dose)
etwas Ingwer

Für die Sauce:
100 ml Essig
2 gestrichene EL Zucker
1 Prise Salz (nach Geschmack)
1/2 TL Sojasauce
3 EL *dashi*

1. Gurke waschen und leicht mit Salz besprenkeln.
2. Gurke in beide Hände nehmen und leicht auf ein Küchenbrett klopfen, um das Fleisch geschmeidiger zu machen.
3. Mit kaltem Wasser abwaschen, in hauchdünne Scheiben schneiden und in kaltem Salzwasser glasig werden lassen.
4. *wakame* in kaltem Wasser, je nach Sorte ca. 5-10 Minuten, quellen lassen. Anschließend in mundgerechte Stücke schneiden, kurz blanchieren und mit kaltem Wasser abschrecken.
5. Ingwer in 1-2 cm lange dünne Streifen schneiden.
6. Essig, Zucker, Salz, Sojasauce und *dashi* gut vermischen.
7. Gekochtes Krebsfleisch auslösen.
8. Gurke, *wakame* und Krebsfleisch auf vier kleine Schalen verteilen und den gewürzten Essig darüber träufeln. Mit Ingwer garnieren und servieren.

Tipp:
Statt Krebsfleisch können auch Krabben oder Hühnerbrust genommen werden. Die ungeschälten Garnelen vom Darm befreien, ganz kurz in etwas Salzwasser mit einem Schuss Sake blanchieren und abkühlen. Auslösen, Kopf und Schwänze entfernen. Hühnerfleisch von Sehnen befreien und mit einem Schuss Sake, etwas Salz und Wasser auf kleiner Flamme garen. Abgekühltes Hühnerfleisch in längliche Streifen reißen.

蒸し物

Mushimono (Gedämpftes)

Hauptsächlich werden in Japan Eierspeisen oder Schalentiere gedämpft. Dazu benutzt man entweder einen Dämpfer aus Bambus oder Metall oder einen normalen Kochtopf. Repräsentativ ist *chawan-mushi,* eine Eierspeise mit Einlage in portionsgerechten Tassen zubereitet.

Chawan-mushi (In der Portionstasse Gedämpftes)

chawan-mushi ist eine Art pikanter Eierstich. Oft wird dieses Gericht anstatt einer Suppe gereicht. Im Sommer kann *chawan-mushi* kalt, im Winter warm gegessen werden. Die Grundeinlage sind zartes Hühnerfleisch und Garnelen. Dann kommen gewöhnlich noch drei bis fünf andere Zutaten wie z.B. Pilze, Gingkonüsse *(ginnan),* grüne Gemüse, Krebsfleisch, gegrillter Aal oder *mitsuba*-Kraut dazu. Shiitakepilze eignen sich besonders wegen des Farbkontrasts.

chawan-mushi bedeutet wörtlich: in der Portionstasse (einem *mushi-chawan*) gedämpft. *mushi-chawan* sind kleine Portionstassen aus Porzellan mit Deckel. Man kann auch feuerfeste Portionstassen verwenden, diese werden dann mit einem Küchentuch aus Baumwolle bedeckt (damit der Dampf nicht auf die Speise tropft).

3 Eier
400 ml *dashi*
1/2 TL Salz
1 TL Sake
1 TL Sojasauce
Als Einlage:
100 g Hühnerbrust
4 kleine frische Shiitakepilze
4 mittelgroße Garnelen (ausgelöst und kurz in 100 ml *dashi* und 1 EL Sake blanchiert)
4 blanchierte Zuckererbsen
1 Streifen *surimi* oder 4 Scheiben *kamaboko*

Sakejoyu (Sake mit Sojasauce):
2 TL Sake
2 TL Sojasauce

1. Shiitakepilzköpfe nach Geschmack halbieren, in dickere Streifen schneiden oder den Pilzkopf dekorativ einritzen.
2. Eier in eine Schüssel geben und vorsichtig verrühren, darauf achten, dass keine Blasen entstehen.
3. In einer zweiten Schüssel den kalten *dashi* mit Salz, Sake und Sojasauce gut vermischen, dann zu den verquirlten Eiern geben und nochmals alles gut vermischen. Zuletzt das Eiergemisch durch ein Sieb in eine bereitstehende Schüssel streichen.
4. *sakejoyu* zubereiten. Sake und Sojasauce vermischen.
5. Das Hühnerfleisch mit einem schräg gehaltenen Messer in ganz dünne Scheiben schneiden und dann zusammen mit den Shiitakepilzen in *sakejoyu* einige Minuten ziehen lassen. Das Surimi in vier kleine Würfel schneiden.
6. Das Hühnerfleisch auf vier Tassen verteilen, dann die geschnittenen Pilze, die Garnelen und das Surimi entsprechend hinzugeben. Das Eiergemisch über die vier Tassen verteilen. Die Tassen sollen etwa zu dreiviertel gefüllt sein. Zum Schluss die Zuckererbse auflegen.
7. Die Portionstassen (ohne Deckel) vorsichtig in einen Kochtopf mit siedendem Wasser setzen. Die Eierspeise auf höchster Stufe 2 Minuten lang kochen lassen, dann ein baumwollenes Küchentuch über den Kochtopf legen, den Topfdeckel leicht auflegen und die Eierspeise noch weitere 10-12 Minuten lang im Wasserbad dämpfen.
8. Die Eierspeise ist gar, wenn beim Einstich mit einem Zahnstocher keine Flüssigkeit mehr austritt. Portionstassen vorsichtig aus dem Kochtopf heben und mit etwas Petersilie garniert servieren.

Asari no Sakamushi (Venusmuscheln in Sake gedämpft)

Abgesehen vom Putzen ist dieses Gericht schnell zubereitet und kann auch statt einer Suppe gereicht werden. Venusmuscheln sind recht mild im Geschmack, kleinere sind zarter. Darauf achten, dass sie unbeschädigt sind. Wenn sie beim Andrücken zuspringen und verschlossen bleiben, sind sie noch lebendig und frisch!

800 g Venusmuscheln in der Schale
2 EL fein geringelte Lauchzwiebel
4 Scheiben Zitrone
4 EL Sake
1 1/2 TL Sojasauce
frisch geriebener Ingwer zum Garnieren

1. Die Muscheln einige Stunden oder über Nacht in einer Schüssel mit Salzwasser im Kühlschrank ruhen lassen, um den Sand zu entfernen. Anschließend gut unter fließendem Wasser waschen und bürsten. Die Schalen der Muscheln dabei zusammendrücken. Muscheln, die sich dabei nicht vollständig schließen, wegwerfen.
2. Muscheln in einen Kochtopf geben, Sake und Sojasauce dazugeben und erhitzen. Deckel auflegen und auf mittlerer Flamme ca. 3 Minuten dämpfen. Kochtopf gelegentlich schütteln. Wenn sich alle Muscheln geöffnet haben, von der Flamme nehmen und noch eine weitere Minute im geschlossenen Topf dämpfen lassen.
3. Auf vier Portionsteller verteilen. Ingwer und Zitrone an die Seite garnieren und mit Lauchzwiebel bestreuen.

Variante:
Miesmuscheln eignen sich auch, sie sind aber kräftiger im Geschmack und müssen vor der Zubereitung gründlich geputzt werden.

鍋もの

Nabemono (Eintopfgerichte)

nabemono gibt es in vielen Formen, sie stellen eine Art japanisches Fondue dar. Für manche wird nur *dashi* und Tofu oder Hühnerfleisch und etwas *konbu* Seetang benötigt. Andere hingegen verlangen eine lange Liste an Zutaten. *nabemono* werden vorwiegend im Winter gegessen. Sie tragen zur Gemütlichkeit bei und erwärmen den Körper. *nabemono* werden wie Fondue am Tisch zubereitet. In Japan gibt es für *nabemono* kleine Gasbrenner, die mit Propangaspatronen betrieben werden. Zum Kochen des *nabemono* gibt es spezielle *nabe* (Töpfe) aus Ton, *do-nabe* genannt. Sie sind tiefer und haben einen Deckel. Zum Sukiyaki sind auch sogenannte Sukiyaki-nabe erhältlich, Pfannen aus Gusseisen. Fonduetöpfe sind für vier Personen etwas zu klein und zu tief, und die Flamme des Rechaud ist nicht heiß genug. Man kann auch eine kleine transportable Kochplatte auf den Tisch stellen und das *nabemono* in einer tiefen Bratpfanne zubereiten.

Yosenabe (Fischtopf)

Meeresfrüchte verleihen diesem *nabe* angenehme Leichtigkeit. Frische Zutaten sind unerlässlich. Sojasauce wird sparsam verbraucht und so behält das *nabe* seine helle Farbe. Zum Eindippen der Speisen wird eine leichte Zitrustunke zubereitet. *yosenabe* lässt sich sehr leicht verändern, je nach Geschmack und Erhältlichkeit der Zutaten. Auf die Austern sollte man nicht verzichten, sie bereichern das *nabemono* durch ihr ausgeprägtes Aroma.

750 g Fischfilet
2 Calamari (gehäutet und ausgenommen)
4 Riesengarnelen
4 Krebsbeine
200 g Austernfleisch
8-12 Venusmuscheln
4 Jakobsmuscheln
2 Mohrrüben
100 g Rettich
1/2 Chinakohl
1/2 Bund Spinat
50 g Zuckererbsen
8 Shiitake Pilze

Für die Brühe:
2 l *dashi*
2 TL Salz
4 EL Sojasauce
3 EL Sake

Für die Zitrus-Soja-Tunke (ponzu jyoyu):
100 ml Zitronensaft
100 ml Sojasauce
100 ml *dashi*
4 fein geringelte Lauchzwiebeln
200 g geriebener Rettich
Cayennepfeffer

1. Die Tunke zubereiten. Zitrussaft, Sojasauce und *dashi* gut mischen und in vier kleine Portionsschälchen füllen.
2. Lauchzwiebeln in feine Ringe schneiden, Rettich reiben. Beides in je einer Schale anrichten. Den Rettich nach Belieben leicht mit Cayennepfeffer färben.
3. Den Fisch in mundgerechte Stücke schneiden.
4. Die ausgenommenen Calamari aufschneiden, damit eine Scheibe entsteht, mit dem scharfen Messer ein Gittermuster schräg einritzen und in kleine mundgerechte Rechtecke schneiden.

5. Die Garnelen bis auf Kopf und Schwanz auslösen, den schwarzen Darm entfernen, kurz abspülen.
6. Krebsbeine, je nach Größe, an den Gelenken in kleinere Teile zerlegen.
7. Jakobsmuscheln bereitstellen.
8. Venusmuscheln müssen gut entsandet sein (am Abend vorher in kaltes Salzwasser legen und im Kühlschrank ruhen lassen). Sie werden in der Schale gegart.
9. Austern kurz abspülen.
10. Alle Gemüse, außer die Shiitakepilze, werden kurz blanchiert. Zu diesem Zweck Mohrrüben und Rettich putzen und in 4-5 mm dünne Halbmonde schneiden. Zuckererbsen putzen. Chinakohl und Spinat putzen und Wurzeln entfernen. Alle Gemüse blanchieren und gut abtropfen lassen.

11. Frische Shiitakepilze halbieren, getrocknete erst 30 Minuten in lauwarmem Wasser quellen lassen und dann verarbeiten.
12. 3-4 Chinakohlblätter in eine Reihe legen. Dabei müssen die dicken Enden auf den Kopfenden liegen. Spinat in eine lange Rolle formen, gut auswringen, auf den Chinakohl legen und in den Chinakohl einwickeln. Anschließend in 3-4 cm lange Scheiben schneiden.
13. Meeresfrüchte und Gemüse auf ein oder zwei großen Platten ansprechend arrangieren.

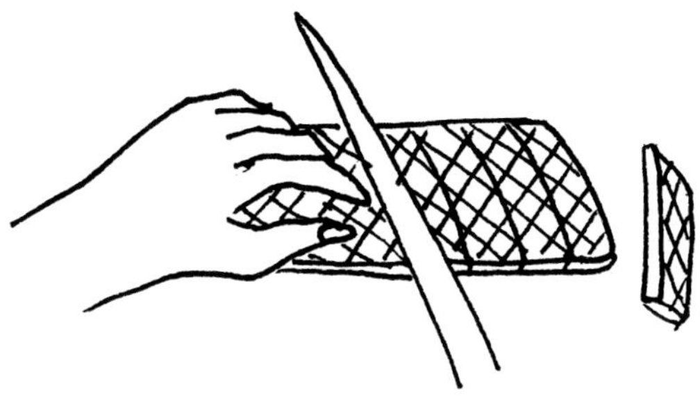

14. In einer tieferen Pfanne, oder einem größeren, flachen Kochtopf, am Tisch den *dashi* kurz aufkochen lassen. Anschließend Salz, Sojasauce und Sake hinzufügen.
15. Mohrrüben, Rettich und Chinakohlröllchen vorsichtig in die Brühe setzen, dann die anderen Zutaten dekorativ dazugeben und garen.
16. Jeder Gast bedient sich selbst und tunkt die Stücke in den Zitrus-Sojadip. Der Dip kann mit Lauchzwiebeln und Rettich angereichert werden.

Tipp:
In die übriggebliebene Brühe noch etwas *dashi* und etwas gekochten Reis geben, Deckel auflegen und kurz aufkochen lassen. Nach Belieben noch ein verquirltes Ei zugeben, mit etwas Sojasauce abschmecken. In Reisschälchen füllen und sofort essen. Das entstandene Gericht heißt *o-jiya.*

Sukiyaki (Rindfleisch-„Fondue“)

sukiyaki ist ein modernes Rezept, das sich mit Einführung von Rindfleisch während der Meiji-Zeit entwickelte. Eine ganz besondere Delikatesse stellt *sukiyaki* dar, wenn es mit *wa-gyu,* japanischem Rindfleisch zubereitet wird. *wa-gyu* Rinder sind auf besondere Weise gezüchtet und ihr Fleisch ist auf sehr charakteristische Art durchwachsen. In dünne Scheiben geschnitten sieht *wa-gyu* Rindfleisch marmoriert aus und gilt als besonders zart und schmackhaft. Offenbar werden die Zuchtmethoden für *wa-gyu* Rinder streng geheimgehalten. Gerüchten zufolge soll es einigen amerikanischen Farmern dennoch gelungen sein, sich von japanischen Rinderzüchtern Erbgut von *wa-gyu* Rindern beschafft zu haben. *sukiyaki* ist wahrscheinlich das international bekannteste *nabemono.* Hauchdünn geschnittenes Rindfleisch wird in angesüßter Sojasauce zusammen mit verschiedenen Gemüsen und Tofu in einer Pfanne am Tisch gekocht. Die Gastgeberin fügt die Zutaten in die Pfanne und die Gäste bedienen sich dann selbst. Jeder Gast hat eine Schale mit Reis vor sich, eine Schale mit aufgeschlagenem Ei und eine extra Servierschale nebst Essstäbchen. Die Fleisch-, Tofu- und Gemüsestücke werden erst am Tisch gegart, anschließend in das rohe Ei getunkt und dann verzehrt. Man kann das *sukiyaki* auf den eigenen Geschmack abstimmen, indem man nach Belieben mehr oder weniger Zucker bzw. Sojasauce dazu gibt. Es darf nicht zuviel Wasser oder *dashi* hinzugefügt werden, sonst wird das Gemüse zu weich und leblos. Sämtliche Nudelarten werden als Teil der Vorbereitungen blanchiert und erst ganz zum Schluss, gegen Ende des Essens, in die Pfanne gegeben, da sie viel Flüssigkeit aufsaugen. Chrysanthemenblätter besitzen ein ganz charakteristisches, wohlschmeckendes Aroma.

Bei *sukiyaki* ist es wichtig, nicht zu viel Flüssigkeit aufzugießen, es soll kein Eintopf *(nimono)* werden.

600-800 g hauchdünn geschnittene Rindfleischscheiben (Lendenfilet)
250 g *shirataki* Nudeln (ersatzweise Glasnudeln)
1 Bund *shungiku* (essbare Chrysanthemenblätter, ersatzweise Chinakohl oder Spinat)
2 Stück Tofu (ca. 800-900 g, den festeren)
etwas Rindertalg (ersatzweise Öl)
12 Frühlingszwiebeln
8 getrocknete Shiitake Pilze
4 Eier

Für die Sauce:
100 g Zucker
100 ml Sake
100 ml Sojasauce
200 ml Wasser
evtl. 250 ml Wasser oder *dashi* (falls die Brühe zu dickflüssig wird)

1. Die Frühlingszwiebeln putzen und schräg in zwei Hälften, das Tofu in etwa 3 cm große Würfel schneiden. Die Chrysanthemenblätter gut waschen und in zwei Hälften schneiden.
2. Die *shirataki* Nudeln 1 Minute blanchieren und halbieren.
3. Die Shiitake Pilze ca. 30 Minuten in warmem Wasser einweichen, Stiele entfernen, Kappen halbieren. Nur die Kappen verwenden.
4. Alle Zutaten (Fleisch, Nudeln, Gemüse, Tofu) dekorativ auf einer Platte anrichten.
5. Zutaten für die Sauce in einen Kochtopf geben und einmal aufkochen lassen.
6. Jeweils ein Ei in eine kleine Schale aufbrechen und leicht verquirlen. Jeder Gast bekommt eine kleine Schale mit Ei, eine Essschale und eine Reisschale.
7. Eine Bratpfanne am Tisch erhitzen, den Talg hineingeben und auslassen.
8. Ein Viertel des Fleisches hinzugeben und halb gar werden lassen.
9. Lauchzwiebeln in die Pfanne geben.
10. Mit einem Viertel der Sauce auffüllen und etwa 2 Minuten lang köcheln lassen.
11. Jeder Gast bedient sich selbst aus der Pfanne.
12. Die Stücke werden in das Ei getunkt und sofort gegessen.
13. Während sich die Gäste bedienen, wird die Pfanne mit je einem Viertel Tofu, Frühlingszwiebeln, *shirataki* Nudeln, Pilzen und Chrysanthemenblättern aufgefüllt.
14. Evtl. etwas Sauce beigeben und einige Minuten köcheln lassen.

15. Wenn die Pfanne geleert ist, erneut Fleisch und Sauce hineingeben und den Vorgang wiederholen.

Sollte die Sauce zu dickflüssig (d. h. zu salzig oder zu süß) werden, wird eine halbe Tasse Wasser zugesetzt. Ein Schuss Sake verleiht extra Aroma. Auf keinen Fall zuviel Flüssigkeit zugeben, *sukiyaki* ist keine Suppe. Dazu gibt es Reis.

稲荷大明神
山田 豊
平成十年一月四日
稲荷大明神
沼澤公彦
平成十年一月廿一日
小山幸子

めん類

Menrui (Nudelgerichte)

Nudeln *(menrui)* sind aus Japan nicht wegzudenken! Fast jede japanische U- oder S-Bahnstation kann mit einem Nudelimbiss aufwarten. Die Stehimbisse werden in Japan so gut besucht wie in Deutschland ein Schnellimbiss. Nudeln gibt es in allen denkbaren Formen aus Weizenmehl oder Buchweizen. Die Nudelportionen können auch telefonisch bestellt werden. Ausgeliefert wird dann mit Tunke oder in heißer Brühe, auf speziell umgebauten Fahrrädern. Dieser Brauch wird *„demae"* genannt und beschränkt sich nicht nur auf *soba* (Nudelsorte).

Es gibt kalte und warme Nudelgerichte. Kalte Nudeln werden oft auf kleinen, flachen, geflochtenen, tellerartigen Bambussieben serviert. Dazu gibt es eine kleine Schale mit leichter, transparenter Tunke. Heiße Nudeln werden in einer Brühe serviert. Die Nudelschalen hierfür sind eher schüsselartig. Zu den Nudeln gibt es verschiedene Beilagen, wie geraspelte Lauchzwiebeln und geriebenen Ingwer. Bei kalten Nudeln stehen vor jedem Gast drei Geschirrteile, eine Schale bzw. ein Teller für die Nudeln, eine tiefere Schale oder Tasse für die Tunke und eine kleine flache Schale für die Beilagen. Bei warmen Nudelgerichten werden die Nudeln in einer großen Schüssel *(donburi)* mit heißer Brühe aufgefüllt und mit Beilagen wie Tempura garniert. Dazu gibt es noch eine kleine flache Schale mit Gewürzen, wie *shichimi-togarashi* (ein Pfeffergemisch aus roten Chilis und anderen Gewürzen) oder geriebenen *daikon,* Ingwer und Lauchzwiebeln.

Somen

somen sind weiß und die dünnsten aller japanischen Nudeln. Sie werden aus Weizen hergestellt und teilweise mit Teepulver oder Ume (japanische Pflaume) angereichert, um einen grünen oder rosa-rötlichen Farbton zu erzielen. Somen werden mit Eiswürfeln serviert und sind somit eine gute Sommermahlzeit für schwüle Tage!

400 g Somen

Für die Tunke:
400 ml Wasser
1 Tasse Bonitenflocken
100 ml *mirin*
100 ml Sojasauce

Zum Garnieren:
fein geringelte Lauchzwiebeln
geriebener Ingwer

1. Die Nudeltunke zubereiten. Wasser, Bonitenflocken, *mirin* und Sojasauce in einen Kochtopf geben, schnell aufkochen lassen, dann auf mittlerer Flamme 2-3 Minuten weiterkochen lassen. Abkühlen lassen, durch ein Sieb seihen und kühl stellen.
2. Ingwer reiben und Lauchzwiebeln in feine Ringe schneiden.
3. Wasser für die Nudeln zum Kochen bringen. Meist sind die Somen mit kleinen Papierbändern bereits in Portionen zusammengefasst. Während sich das Wasser erhitzt, die Papierbänder von den Nudeln entfernen. Vorsicht, Somen brechen sehr leicht.
4. Eine Tasse mit kaltem Wasser bereitstellen. Sobald das Nudelwasser brodelt, die Somen vorsichtig hineingleiten lassen und mit Stäbchen oder Pastagabel gut im Wasser verteilen.
5. Wenn das Wasser aufkocht, etwa 100 ml kaltes Wasser zugeben und nochmals aufkochen lassen. Eine Nudel probieren. Somen sollen noch „Biss“ haben.
6. Somen in ein Sieb schütten und unter reichlich kaltem Wasser abschrecken. Zusätzlich in einer Schüssel mit kaltem Wasser ordentlich spülen, abgießen, neues Wasser zugeben und spülen, bis das Wasser klar wird. Dann in einem Sieb gut abtropfen lassen.
7. Die inzwischen gut abgekühlte Tunke in vier kleine Schalen füllen und vor jeden Gast setzen.
8. Die Somen auf vier Suppenteller oder größere Suppenschalen verteilen und mit eiskaltem Wasser auffüllen und zuletzt mit einigen Eiswürfeln dekorieren. Als Farbkontrast mit etwas Grün von der Lauchzwiebel bestreuen und servieren.
8. Nach Geschmack gibt jeder Gast etwas Lauchzwiebel und Ingwer in die Tunke.
9. Die Nudeln werden mit Stäbchen erst in die Tunke gedipt und anschließend gegessen.

Aus diesem einfachen Somengericht kann man mit ein wenig mehr Aufwand ein üppiges Sommerfestessen zaubern. Es werden lediglich mehr Beilagen gereicht, die man abwechselnd zwischen den Somen zu sich nimmt.

400 g Fischfilet (in kleinere Scheiben geschnitten)
1 EL Sake
200 ml *dashi*
3 EL Sojasauce
2 EL *mirin*
4 getrocknete Shiitakepilze
100 ml lauwarmes Wasser
1/2 EL Zucker
1 EL Sojasauce
2 Eier
1 EL Öl
1 Prise Salz
1 Bund zarter Spinat
1 Prise Salz
1 EL Sojasauce

1. Die Fischfilets in acht kleine Scheiben schneiden, in eine Schale geben und mit 1 EL Sake beträufeln.
2. *dashi* in einem Topf erhitzen, Sojasauce und *mirin* hinzugeben, aufkochen lassen, den Fisch hineingeben und ca. 2 Minuten garen lassen, dann herausheben und gut abkühlen lassen.
3. Die Shiitakepilze in einer Schale mit dem warmen Wasser weich werden lassen (ca. 15 Minuten). Die Flüssigkeit aufheben.
4. Die Shiitakepilze mit der Pilzflüssigkeit in einen Topf geben, aufkochen und auf mittlerer Stufe garen lassen, bis die Pilzflüssigkeit fast eingekocht ist. Dann zuerst den Zucker und zuletzt die Sojasauce zugeben und die Pilze von allen Seiten glasieren.
5. Die Eier in eine Schüssel schlagen, eine Prise Salz zufügen, gut vermischen und in einer Pfanne mit einem EL Öl zwei dünne Omeletts braten. Die abgekühlten Omeletts in dünne Streifen schneiden.
6. Den Spinat gut waschen und in leicht gesalzenem Wasser kurz blanchieren. Sofort unter kaltem Wasser abschrecken und auswringen. 1 EL Sojasauce in eine Schüssel geben, den Spinat hineingeben und gut mit der Sojasauce vermengen. Spinat einen Moment ziehen lassen, nochmals auswringen, zu einer langen Rolle formen und in mundgerechte Stücke schneiden.
7. Fisch, Shiitakepilze, Eierstreifen und Spinat auf einem großen Teller dekorativ anrichten.
8. Die Gäste bedienen sich jeweils von dem Teller. Jeder Gast bekommt einen Teller für die Beilagen. Zur Tunke werden auch hierbei Lauchzwiebeln und geriebener Ingwer gereicht. Die Somen werden abwechselnd mit den Beilagen verzehrt.

An heißen Sommertagen wird dazu viel kalter Mugicha, Gerstentee und kalter Oolongtee getrunken.

Hiyamugi (Kalte Nudeln)

hiyamugi sind auch ein Sommergericht. *hiyamugi* werden aus Weizen hergestellt, sind weiß und etwas dicker als Somen.

400 g *hiyamugi* Nudeln (getrocknet)

Für die Tunke:
400 ml Wasser
1 Tasse Bonitenflocken
100 ml *mirin*
100 ml Sojasauce

Zum Garnieren:
12 kleine frische Krabben
1 Ei
1 Prise Zucker
Eine Prise Salz
1 TL Öl
1/3 Salatgurke
2 TL geriebener Ingwer
4 EL Lauchzwiebeln, geringelt

1. Tunke wie bei Somen zubereiten.
2. Ingwer reiben und Lauchzwiebeln in kleine Ringe schneiden.
3. Die Krabben schälen, den Kopf abtrennen und den Darm entfernen. Krabben in leicht gesalzenem, kochendem Wasser 2-3 Minuten lang garen lassen, bis sie sich rot färben. Nicht zu lange garen, sonst werden sie zäh.
4. Das Ei in eine Schüssel aufschlagen, Zucker und Salz hinzufügen und ein dünnes Omelett braten. Abkühlen lassen und dann in dünne Fäden schneiden.
5. Einen kleinen Topf mit Wasser zum Kochen bringen. Die Gurke mit etwas Salz gut einreiben und einige Male auf dem Küchenbrett hin- und herrollen, um sie etwas weich zu machen. Die Gurke für eine Sekunde in das kochende Wasser geben und schnell mit kaltem Wasser abschrecken, in dickere Scheiben schneiden und die Mitte aushöhlen.
6. In einer Tasse 200 ml kaltes Wasser bereitstellen. In einem Topf Wasser für die Nudeln zum Kochen bringen, die *hiyamugi* hineingeben. Wenn die Nudeln aufkochen, die Hälfte des kalten Wassers zugießen und nochmals aufkochen lassen. Dann den Rest des Wassers zusetzen, ein letztes Mal aufkochen lassen, Nudeln in ein Sieb geben. Die *hiyamugi* wie die Somennudeln unter viel kaltem Wasser waschen, bis das Wasser klarläuft. In einem Sieb gut abtropfen lassen.
7. Die gut abgekühlte Tunke in vier kleinere Schalen oder Tassen füllen.
8. Die Hiyamuginudeln auf vier Suppenteller oder Schüsseln verteilen, mit kaltem Wasser auffüllen und mit Eiswürfeln dekorieren. Zuletzt die Krabben, Gurkenscheiben und Eifäden gleichmäßig auf alle Teller verteilen.

Tipp:
Besonders schön sieht es aus, wenn *somen* oder *hiyamugi* in Glasschalen serviert werden. Das unterstreicht die Empfindung „kühl“.

Zarusoba (Buchweizennudeln)

soba bezeichnet Buchweizennudeln. Sobanudeln zeichnen sich durch ihre bräunliche Farbe aus. *soba* ist besonders beliebt in Nordjapan sowie in Tokio. Als Variante gibt es grüne *cha-soba,* denen grüner Tee in Pulverform beigemischt ist. *zarusoba* sind *soba,* die auf einem kleinen, flachen, siebförmigen Bambusteller *(zaru)* serviert werden. *zarusoba* wird kalt gegessen.

400 g Sobanudeln oder Cha-sobanudeln

Für die Tunke:
300 ml Wasser
1 Tasse Bonitenflocken
1 EL Zucker
50 ml *mirin*
70 ml Sojasauce
1 Blatt *yakinori,* in dünne Fäden geschnitten
2 Lauchzwiebeln, geringelt
5 EL geriebener Rettich (ein ca. 20 cm langes Rettichstück)
1-2 TL *wasabi* (grüner, japanischer Meerrettich)

1. Sobatunke bereiten. Wasser, Bonitenflocken, Zucker, *mirin* und Sojasauce in einem Topf kurz aufkochen lassen und dann 2-3 Minuten bei mittlerer Hitze kochen lassen. Im Topf abkühlen lassen und schließlich durch ein Sieb seihen und kühl stellen.
2. Lauchzwiebeln in dünne Röllchen schneiden, Rettich reiben und überschüssiges Rettichwasser abgießen. Den *wasabi* bereitstellen. Auf vier größeren Tellern oder in einzelnen Schälchen anrichten.
3. Einen großen Topf mit Wasser für die Nudeln zum Kochen bringen. Einen Becher mit kaltem Wasser bereitstellen.
4. Die Nudeln in das brodelnde Wasser geben und vorsichtig mit Stäbchen oder einer Pastagabel verteilen.
5. Sobald die Nudeln aufkochen, einen halben Becher kaltes Wasser zusetzen und nochmals aufkochen lassen. Den Rest des Wassers zugießen, *soba* ein letztes Mal aufkochen lassen und in ein Sieb geben.
6. *soba* gut unter kaltem Wasser abspülen und zuletzt in einem Sieb gut abtropfen lassen.
7. Die Sobatunke in vier Schälchen geben.
8. Die Sobanudeln auf den vier Tellern anrichten und mit Norifäden bestreuen. Jeder Gast mischt sich nach eigenem Geschmack Rettich, *wasabi* und die anderen Gewürze in die Tunke.

Tempurasoba

Ein Rezept für kalte Tage! Hierbei werden die Sobanudeln warm, in dampfender Brühe mit Tempura serviert.

400 g Sobanudeln

Für die Brühe:
1200 ml Wasser
2 Tassen Bonitenflocken
2 EL Zucker
200 ml *mirin*
200 ml Sojasauce
8 Garnelen

Für den Tempurateig:
1/2 Ei
80 ml eiskaltes Wasser
50 g Mehl
Öl zum Frittieren
2 Lauchzwiebeln
shichimitogarashi (Gewürzmischung mit Chilipfeffer oder gemahlener Cayenne)

1. Zuerst die Brühe zubereiten. In einen Topf Wasser, Bonitenflocken, Zucker, *mirin* und Sojasauce geben und aufkochen lassen, anschließend 2-3 Minuten lang bei mittlerer Hitze weiterkochen. Im Topf leicht abkühlen lassen und anschließend durch ein Sieb seihen.
2. Garnelen bis auf das Schwanzende abschälen und den Kopf entfernen. Die harte Schale im Schwanzbereich mit einem Messer einritzen, um das Wasser zu entfernen. Garnelen 2-3-mal an der Bauchseite einschneiden, damit sie beim Frittieren nicht die Form verlieren.
3. Den Tempurateig anfertigen (siehe Grundrezept).
4. Das Frittieröl auf 180 °C erhitzen.
5. Die Garnelen in den Teig tauchen und frittieren.
6. Die Lauchzwiebeln in feine Ringe schneiden.
7. Für die Sobanudeln einen großen Topf mit Wasser zum Kochen bringen und die Soba wie unter Zarusoba beschrieben kochen.
8. Soba gut unter kaltem Wasser abspülen und in einem Sieb abtropfen lassen.
9. In einem Topf jeweils ein Viertel der Brühe erneut erhitzen und ein Viertel der Sobanudeln zum Aufwärmen hineingeben. In Suppenteller oder größere Suppenschalen einfüllen, mit je zwei Garnelen dekorieren und servieren. Nach Geschmack kann Lauchzwiebel und Pfeffer auf die Soba gestreut werden.

Udon

In Shikoku sollen die besten *udon* serviert werden. Verschiedene Regionen haben ihre eigenen Rezepte. *udon* werden aus Weizenmehl hergestellt, sie werden im Sommer kalt und zu anderen Jahreszeiten warm gegessen. *udon* werden schlicht nur mit Lauchzwiebel und Ingwer serviert oder mit aufwendigeren Extras gereicht. Ausschlaggebend bei *udon* ist der *dashi,* mit dem die Tunke bzw. Brühe zubereitet wird. *dashi* für *udon* muss kräftig sein, das wird mit reichlich Bonitenflocken erreicht. Ebenso wichtig ist das richtige Kochen. *udon* gibt es als dicke und dünne Sorten. Udon werden wie andere Nudeln auch in reichlich Wasser gekocht. Um zu vermeiden, dass besonders die dicken Sorten *udon* an der Oberfläche weich werden und innen noch hart sind, wird sobald sie aufkochen, kaltes Wasser zugegossen, um die Wassertemperatur zu senken. *udon* sollen, wie andere Nudeln bissfest gekocht werden. Auch hier wird zwischen Tunke *(tsuketsuyu)* für kalte Nudeln und Brühe *(kaketsuyu)* für warme Nudeln unterschieden.

Kalte Udon (Grundrezept)

300 g *udon*
2 EL frischer, geriebener Ingwer
4 Lauchzwiebeln

Für die Tunke:
400 ml *dashi*
4 EL Sojasauce
2 EL *mirin*
1 EL Sake

1. Die Tunke zubereiten. Den kräftigen *dashi* mit der Sojasauce, *mirin* und Sake in einem kleinen Topf zum Kochen bringen. Abkühlen lassen und in vier kleine Schalen oder Tassen einfüllen.
2. Ingwer reiben, die Lauchzwiebeln in dünne Scheiben schneiden und auf vier kleine Schalen verteilen.
3. 400 ml kaltes Wasser bereitstellen.
4. Einen großen Topf mit reichlich Wasser zum Kochen bringen. Wenn es brodelt, die *udon* vorsichtig hineingeben und anschließend mit einer Pastagabel oder Stäbchen im Wasser verteilen.
5. Sobald die Nudeln aufkochen, die Hälfte des kalten Wassers zusetzen. Erneut aufkochen lassen. Den Rest des Wassers zugeben, zum Kochen bringen und abgießen. Zwischendurch mal eine Udonnudel testen, damit sie nicht zu weich kochen.
6. Die *udon* im Sieb unter viel kaltem Wasser ordentlich abspülen und dabei gut mit den Händen waschen. Sie sollen nicht klebrig sein. Gut abtropfen lassen.
7. Auf vier Teller verteilen und mit Eiswürfeln anrichten.
8. Jeder Gast rührt sich Ingwer und Lauchzwiebeln in die Tunke und dippt dann die *udon* hinein.

Kitsune-udon (Udonnudeln mit frittierten Tofutaschen)

Ein klassisches Rezept für warme *udon. kitsune-udon* werden übersetzt „Fuchsudon" genannt. Einer Legende zufolge soll *abura-age* ein Lieblingsessen der Füchse sein!

400 g *udon*
400 ml kaltes Wasser
2 Scheiben *abura-age* (frittierte Tofutaschen)

Zum Einkochen der abura-age:
200 ml *dashi*
2 EL Zucker
1 EL Sake
1-1½ EL Sojasauce
4 Lauchzwiebeln

Für die Brühe:
1200 ml *dashi*
1½ EL Sake
100 ml Sojasauce
½ TL Salz
shichimi-togarashi oder etwas Cayennepfeffer

1. Die *abura-age* kurz in kochendes Wasser tauchen, um überschüssiges Öl zu entfernen. Hinausnehmen, gut abtropfen lassen, evtl. mit etwas Küchenkrepp abtupfen.
2. Eine Scheibe *abura-age* einmal halbieren und dann jede Hälfte in zwei Dreiecke schneiden. Mit der anderen Scheibe ebenso verfahren. Insgesamt erhält man also acht Dreiecke.
3. Die *abura-age* einkochen. *dashi,* Zucker, Sake und Sojasauce erhitzen, die *abura-age* hineingeben, einen kleineren Deckel *(otoshibuta)* direkt auf die *abura-age* auflegen und auf Mittelhitze einkochen, bis die Flüssigkeit restlos aufgesogen ist.
4. Die Lauchzwiebeln in ca. 4 cm lange Stücke schneiden.
5. 400 ml kaltes Wasser bereitstellen. Die Udonnudeln in kochendes Wasser geben, aufkochen lassen und die Hälfte des kalten Wassers zusetzen. Erneut aufkochen lassen, den Rest des kalten Wassers zusetzen, ein letztes Mal aufkochen lassen und in ein Sieb gießen.
6. Die *udon* mit viel kaltem Wasser gut abspülen, abtropfen lassen.
7. Die Brühe zubereiten. *dashi,* Sake, Sojasauce und Salz in einem Topf schnell zum Kochen bringen und die Lauchzwiebeln kurz einmal darin aufkochen lassen.
8. Die *udon* kurz mit heißem Wasser übergießen und auf vier Donburischüsseln oder Suppenteller verteilen. Mit heißer Brühe und den Lauchzwiebeln auffüllen. Zuletzt jeweils mit zwei Dreiecken *abura-age* garnieren. Mit *shichimi-togarashi* würzen.

ご飯物

Gohanmono (Reis und Reisgerichte)

Es gibt unzählige Reisgerichte. Sie lassen sich am einfachsten in Sushi, Onigiri, Donburimono usw. gliedern. Um den Rezepten treu zu bleiben empfiehlt sich japanischer Reis. Langkornreis hat eine andere Konsistenz und passt einfach nicht. Aromatische Langkornsorten wie Jasminreis oder indischer Basmatireis sind für japanische Gerichte ungeeignet.

Reis (Grundrezept)

Der Reis wird ohne Salz gekocht! Um richtig guten Reis zu erhalten, kommt es auf das gründliche Waschen und lange Ruhen an. Das Garen besteht aus drei Schritten: schnelles Aufkochen, köcheln auf kleiner Flamme und abschließendes Dämpfen. Die Mühe lohnt sich. Japanische Gäste werden Sie für den gutgelungenen Reis ganz besonders loben.

4 Tassen Reis
4 1/2 Tassen (900 ml) Wasser

1. Den Reis in eine große Schüssel geben und mit reichlich Wasser leicht vermischen und waschen, das Wasser schnell abgießen. Unreinheiten entfernen. Diesen Vorgang 2-3-mal wiederholen.
2. Den Reis ohne Wasser ordentlich mit den Fingern „kneten".
3. Wasser zugeben und den Reis noch einige Male spülen, bis das Reiswasser klar fließt. Den Reis in einem Sieb 30-60 Minuten lang abtropfen und quellen lassen. Er sieht dann richtig „perlig" und „gesättigt" aus.
4. Reis in einen dickwandigen Kochtopf geben und mit 4 1/2 Tassen Wasser aufgießen. Auf starker Flamme schnell zum Kochen bringen, Deckel auflegen, sofort auf schwache Hitze hinunterstellen und 17-18 Minuten lang garen lassen.
5. Die Flamme einmal kurz aufdrehen, sofort ausstellen und den Reis noch weitere 6-8 Minuten dämpfen lassen. Nicht zu lange dämpfen lassen, sonst wird der Reis zu weich.
6. Den Reis mit einer Reiskelle oder einem Holzlöffel leicht von unten nach oben auflockern, um den Dampf entweichen zu lassen. Am besten hebt man den Reis in eine große Schüssel und füllt ihn von dort in Reisschalen ab.

Onigiri (Reisklöße)

onigiri (auch *omusubi*), aus Reis geformte Dreiecke, Bällchen oder Rechtecke sind ein beliebter Imbiss und fehlen bei einem japanischen Picknick nie. Sie werden gefüllt, mit *furikake* (Gewürzmischung mit *nori*) bestreut, mit Sesam besprenkelt, oder natürlich mit *nori* umwickelt, der persönlichen Note sind kaum Grenzen gesetzt. *onigiri* könnte man fast als japanischen Sandwich beschreiben. Es gibt traditionelle wie *okaka* mit Bonitenflocken und *yaki-onigiri,* mit Sojasauce gegrillte und moderne Variationen. Zu *onigiri* sollte der Reis etwas mehr „Biss" haben, entsprechend verkürzt man die Dämpfzeit auf 6-7 Minuten. Um die *onigiri* gut formen zu können, wird frisch gekochter, noch dampfender Reis benutzt. Eine knapp gefüllte Schale gekochter Reis ergibt etwa eine Portion für ein *onigiri.* Zum Formen der *onigiri* benetzt man sich die Hände leicht mit Wasser und reibt eine Handfläche leicht mit einer Fingerspitze Salz ein. Dann gibt man den Reis in eine Handfläche, füllt ihn und formt ihn zu einem Dreieck oder runden flachen Ball.

Onigiri mit *umeboshi*

6 Tassen gekochter Reis
1-2 EL Bonitenflocken
1/2 TL Sojasauce
4 *umeboshi (Salzpflaumen)*
4 Blatt *nori* (jeweils halbiert)
Salz

1. Die Bonitenflocken schnell mit der Sojasauce vermischen.
2. Eine knapp gefüllte Reisschale bereitstellen.
3. Beide Hände leicht mit etwas Wasser benetzen und anschließend eine Handfläche mit einer Fingerspitze Salz einreiben.
4. Den Reis in die gesalzene Handfläche geben und etwas Bonitenflocken in die Mitte streuen. Dann eine flache „Frikadelle" formen und anschließend in *nori* einwickeln.
5. Als nächstes ein *onigiri* mit einer Umeboshipflaume füllen, formen und in *nori* einwickeln. Den Vorgang wiederholen bis alle acht *onigiri* geformt sind. *onigiri* eignen sich als leichter Imbiss. Dazu schmeckt *o-cha,* japanischer Tee!

Onigiri mit Avocado und *wasabi*

6 Tassen gekochter Reis
1/2 Avocado
etwas *wasabi* (etwa 1/2 TL)
1/4 TL Sojasauce
4 Blätter *nori* (halbiert)

1. Avocado zu Brei rühren, etwas *wasabi* unterrühren, mit etwas Sojasauce abschmecken.
2. Reis wie vorher beschrieben auf die Hand auflegen, mit Avocadobrei füllen und zu einem Dreieck formen. Anschließend in *nori* einwickeln. Die Spitze des Noridreiecks bleibt je nach Größe der Norischeibe unbedeckt. Vorgang wiederholen, bis acht *onigiri* geformt sind.

Tipp:
Reste von gegrilltem Lachs, mit etwas Sojasauce und einem Spritzer Zitrone oder sogar Mayonnaise verrührt, eignen sich vorzüglich als Füllung. Statt die *onigiri* mit *nori* zu umwickeln, kann man sie in geröstetem Sesam rollen.

Yaki-onigiri

Yaki-onigiri gibt es in zwei Ausführungen, entweder mit Sojasaucenbeize oder *miso* bestrichen, und anschließend gegrillt. Sie können mit oder ohne Füllung zubereitet werden.

6 Tassen gekochter Reis
3 EL Sojasauce
1 TL *mirin*
3 EL *miso*
1 TL *mirin*
umeboshi (Salzpflaumen)

1. Die Sojasauce mit dem *mirin* vermischen. Das *miso* mit dem *mirin* vermischen.
2. Den Reis mit *umeboshi* füllen und zu *onigiri* formen.
3. In den vorgeheizten Ofen schieben und kurz von beiden Seiten grillen.
4. Die Hälfte der *onigiri* mit Sojasaucenbeize, die übrigen mit Misobeize bestreichen, grillen und wenden, nochmals beizen, weitergrillen und den Vorgang einige Male wiederholen. Heiß servieren! Dazu passt japanischer Tee.

Donburi (Reisschüssel)

donburi sind Reisgerichte, die in einer Donburischüssel, einer größeren, tiefen Reisschüssel für eine Person (im Gegensatz zur üblichen Reisschale) serviert werden. Die Donburischüssel wird zuerst mit dampfendem Reis gefüllt, und dann je nach Rezept, mit Gemüse, Fleisch, Fisch oder Ei belegt. Donburigerichte sind relativ schnell zubereitet und schmecken am besten, wenn man sie direkt vor dem Genuss gut vermischt. Bei Donburi gilt als Grundregel, dass alle Zutaten auf die gleiche Art geschnitten sind. Auch Donburi wird mit verschiedenen Kräutern oder Gewürzen *(yakumi)* garniert. Diese helfen bei der Verdauung und erzeugen einen farblichen und geschmacklichen Kontrast. Das Grüne der Lauchzwiebeln wird neben *shiso,* einem im Westen schwer erhältlichen aromatischem Blattkraut, speziell zu Fisch und Schalentieren benutzt. Frisch geriebener Ingwer passt gut zu Fisch und das Weiße der Lauchzwiebeln passt zu Zutaten mit besonders ausgeprägtem Geschmack. Süß-sauer angemachter Ingwer eignet sich zu neutralen Zutaten. Zu *donburi* gibt es ferner eine Suppe wie *suimono* oder auch Misosuppe und *tsukemono.*

Maguro Donburi (Donburi mit rohem Thunfisch)

Einfach in der Zubereitung, intensiver Farbkontrast, am besten eignet sich etwas fetterer Thunfisch.

5-6 Tassen gekochter Reis (aus drei Tassen ungekochtem Reis)
500 g roher Thunfisch (zum Rohessen geeignet)
etwas *wasabi* (nach Geschmack 1/2-1 TL)
2 Blatt Yakinori
etwas Sojasauce (1-1 1/2 EL)

1. Der Reis muss fertig gekocht sein.
2. Den Thunfisch in kleine Würfel schneiden und in eine Schüssel geben. *wasabi* und Sojasauce hinzugeben, gut vermengen und 10 Minuten lang ziehen lassen.
3. Heißen Reis in vier Donburischüsseln füllen und jeweils mit der Thunfischmasse belegen. Yakinori darüberstreuen. Dazu *tsukemono* oder *su-no-mono* servieren.

Oya-ko-Donburi (Reis mit Huhn und Ei)

Allen *donburi* voran, kennt jeder Japaner Oya-ko-Don (Mutter-Kind) Reis mit Huhn und Ei. Bei Oya-ko-Donburi kommt es auf schnelles Vorgehen an.

5-6 Tassen gekochter Reis (aus drei Tassen ungekochtem Reis)
250 g Hühnerfleisch (von Knochen und Sehnen befreit)
2 Lauchzwiebeln
1 kleines Bund Mitsubakraut (falls erhältlich)
4 getrocknete Shiitakepilze
6 Eier
1/2 Blatt Yakinori, in kleine Stücke gerissen

Für den Donburidashi:
400 ml *dashi*
3 EL Sake
2 El *mirin*
2-2 1/2 EL Zucker
3 1/2 EL Sojasauce

1. Das Hühnerfleisch würfeln.
2. Die Lauchzwiebeln dünn in angeschrägte Stücke und das Mitsubakraut in fingerlange Stücke schneiden.
3. Die Shiitakepilze ca. 20 Minuten lang in lauwarmem Wasser einweichen, vom Stiel befreien und würfeln.
4. Yakinori in kleine Stückchen reißen.
5. Die Eier in eine Schüssel aufschlagen, leicht vermengen und in vier gleichgroße Portionen aufteilen.
6. *dashi,* Sake, *mirin,* Zucker und Sojasauce in einem Topf aufkochen und somit den Donburidashi zubereiten.
7. Ein Viertel des Donburidashi in einen kleinen, flachen Kochtopf geben, einmal aufkochen lassen, je ein Viertel des Hühnerfleisches, der Shiitakepilze und der Lauchzwiebel hinzugeben, aufkochen und auf mittlerer Hitze kochen bis das Fleisch gar ist.
8. In einem Schwung eine Portion geschlagenes Ei in den Donburidashi geben, mit Mitsubakraut bestreuen, einen normalen Deckel auflegen, sofort den Herd ausschalten und die Masse 10 Sekunden dämpfen lassen. Einige Male hin- und herschwenken, damit die Masse nicht am Topf anhaftet.
9. Heißen Reis in eine Donburischüssel einfüllen und die Hühnerfleischmasse sanft auf den Reis gleiten lassen. Mit Yakinori bestreuen und sofort servieren. Dann die restlichen drei Portionen zubereiten. Wer etwas geübt ist, kann ohne weiteres die Hühner-Eiermasse in einer einzigen Portion in einer größeren, flachen Bratpfanne zubereiten und anschließend mit einem Bratenwender auf vier Portionen verteilen.

Zosui und Ochazuke und O-kayu

zosui und *o-cha-zuke* sind beides risottoartige Reisgerichte, die man auch mit gekochtem Reis vom Vortag zubereiten kann. Dazu wird kalter Reis vom Vortag in ein Sieb gegeben und kurz mit warmem Wasser abgespült, um ihn wieder flockiger zu machen. Als Einlage sind beispielsweise Reste von gegrilltem Lachs, Pilze, Ei, Lauchzwiebeln und natürlich *nori* üblich. *zosui* wird generell mit *dashi* zubereitet, während *o-chazuke* mit frisch gebrühtem, japanischem Tee aufgegossen wird. Beides dient als schnelles, kleines Frühstück oder wenn man spätabends angeschlagen heimkehrt und den kleinen Hunger stillen möchte.

Nori-zosui (Zosui mit *nori*)

Dieses *zosui* ist im Handumdrehen fertig! Wer keinen *dashi* zur Stelle hat, darf auch Dashikonzentrat verarbeiten.

400 g gekochter Reis
1200 ml *dashi*
1 TL Zucker
1 TL Salz
1 EL Sojasauce
100 g *yaki-* oder *ajitsuke-nori*
4 *umeboshi* (Salzpflaumen)
2 EL Bonitenflocken

1. Den Reis in ein Sieb geben und schnell mit heißem Wasser abspülen und gut abtropfen lassen.
2. Den *dashi* in einem Kochtopf aufkochen lassen. Zucker, Salz und Sojasauce hinzufügen, gut vermischen und dann den Reis hineingeben und kurz aufkochen lassen.
3. Das *zosui* in vier Schalen füllen und mit *nori, umeboshi* und etwas Bonitenflocken servieren. Zum Essen nimmt man einen Löffel!

Miso-zosui (Zosui mit *miso*)

Ein buntes *zosui* mit verschiedenen Gemüsen, Thunfisch und *miso*. Leicht aber trotzdem gut zum Aufwärmen bei kühler Witterung. Reste von gegrilltem Lachs, etwas gesalzen, eignen sich hervorragend!

400 g gekochter Reis (auch kalter Reis vom Vortag)
8 Weißkohlblätter
150 g Thunfisch (aus der Dose, in Wasser eingelegt, oder Reste von gegrilltem, leicht gesalzenem Lachs)
1 kleine Mohrrübe
1 kleines Bund Kresse
1 l *dashi*
4 EL *miso*

1. Den Reis kurz mit heißem Wasser abspülen und abtropfen lassen.
2. Den Weißkohl in mundgerechte Stücke schneiden und die Mohrrübe reiben.
3. Den *dashi* kurz aufkochen lassen, Weißkohl hineingeben, erneut aufkochen, dann die Misopaste hinzufügen und auf mittlerer Flamme einige Minuten köcheln lassen. *miso* darf nicht brodeln!
4. Den Thunfisch zum *dashi* geben, leicht mitkochen lassen und zum Schluss den Reis mit hineingeben, einmal leicht aufkochen lassen und vom Herd nehmen.
5. In vier Schalen abfüllen und mit Kresse und geriebener Mohrrübe dekorieren.

O-cha-zuke

Wie auch bei *zosui* sind einem bei der Wahl der Einlage kaum Grenzen gesetzt. Man kann den Reis mit Fischrogen dekorieren, mit ein paar Scheiben Sashimi (roher Fisch) belegen, hauchdünn geschnittenes Hühner- oder Schweinefleisch in heißem Wasser abschrecken, mit etwas Sojasauce abschmecken und dann über den Reis legen oder auch mit einem Rest Tempura bedecken. Zum Abschmecken eignen sich wie immer Sojasauce, etwas *wasabi* und natürlich Lauchzwiebeln.

Konbu-Umeboshi Cha-zuke (O-cha-zuke mit *konbu* und *umeboshi*)

o-cha-zuke klassisch-mit Salzpflaumen, Bonitenflocken und *nori*. Statt *nori* kann man auch mit Sojasauce und Zucker eingekochten *nori* Seetang *(nori-no-tsukudani)* oder *konbu* Seetang *(konbu-no-tsukudani)* verwenden. Reis vom Vortag wird mit heißem Wasser abgespült, frisch gekochter Reis sollte heiß sein.

300 g gekochter Reis
4 *umeboshi* (Salzpflaumen)
2 EL Bonitenflocken
1/2 Blatt *nori* Seetang (in Streifen geschnitten)
Japanischer Tee (*sencha* oder *bancha*)

1. Den Reis mit heißem Wasser kurz abspülen und anschließend abtropfen lassen.
2. Den *nori* in dünne Streifen schneiden, die anderen Zutaten bereitstellen.
3. Japanischen Tee frisch brühen, Reis auf vier Reisschalen verteilen, mit *umeboshi*, Bonitenflocken und *nori* Seetang anrichten und mit heißem Tee begießen. Dazu kann man auch *tsukemono* reichen.

300-400 g gekochter Reis
200 g Sashimi (Fisch zum Rohessen, oder 100 g Lachsreste, gegrillt oder gekocht)
2 EL Sojasauce
etwas *wasabi*
etwas süß-sauer eingelegter Ingwer *(amazu-shoga)*
Japanischer Tee

1. Das Sashimi 5 Minuten in Sojasauce einlegen. Teewasser für den japanischen Tee kochen.
2. Kalten Reis kurz mit heißem Wasser abschrecken, damit er flockiger wird und in vier Schalen verteilen. Frisch gekochten Reis direkt in vier Reisschalen füllen. Dabei den Reis eher knapp halten.
3. Reis mit Sashimi belegen, einen kleinen Tropfen *wasabi* aufsetzen und mit etwas eingelegtem Ingwer garnieren.
4. Frisch gebrühten Tee über den Reis gießen.

O-kayu (Reisschleim)

Zu *o-kayu* wird ungekochter Reis mit sehr viel Wasser frisch aufgesetzt. Je nach Geschmack ist das Verhältnis von Reis zu Wasser etwa 1:6 bis 1:10. Traditionell wird *o-kayu* bei Krankheit oder Appetitlosigkeit gereicht. *o-kayu* wird entweder nur mit Salz gewürzt oder zusätzlich mit etwas gemahlenem, geröstetem Sesam aufgesetzt. Zusätzlich kann es mit etwas mehr „Inhalt" zum leichten Mittagessen angereichert werden. Dazu wird Fleisch mit Gemüse kurz angebraten, in Schalen gefüllt und anschließend mit dem *o-kayu* aufgefüllt. Zu *o-kayu* passt auch Eingelegtes *(tsukemono)*. *o-kayu* schmeckt am besten heiß.

O-kayu (Grundrezept)

1 Tasse ungekochter Reis
1200 ml Wasser
eine Prise Salz
2 EL gerösteter Sesam (weiß oder schwarz)
Sesam zum Bestreuen

1. Den Reis gut waschen, bis das Wasser klar fließt.
2. Den Reis in einen dickwandigen Kochtopf geben, das Wasser (1200 ml) zugeben und eine Stunde lang ruhen lassen.
3. Die Prise Salz und den gemahlenen Sesam hineingeben, einen normalen Deckel auflegen und auf starker Flamme schnell zum Kochen bringen. Kurz den Deckel abnehmen, alles einmal verrühren, erneut den Deckel auflegen und etwa eine Stunde bei schwacher Hitze garen lassen, bis der Reis schleimig aussieht. Von der Flamme nehmen und noch etwa 10 Minuten lang ziehen lassen.
4. Das *o-kayu* in vier Schalen abfüllen und mit Sesamkörnern bestreuen.

Alternativ lässt sich der Sesam durch gehackte Pinienkerne ersetzen. Zum Bestreuen kann man die Pinienkerne auch schnell in einer kleinen, ungefetteten Bratpfanne rösten.

Für ein etwas kräftigeres *o-kayu* wie folgt verfahren: *o-kayu* wie oben zubereiten.

zusätzlich:
50-100 g Schweine- oder Rindfleisch
1/2 Paprikaschote
1 Shiitakepilz (aufgeweicht und in dünne Streifen geschnitten)
1 EL Öl

1. Das Fleisch in ganz dünne Streifen schneiden, Paprikaschote putzen und ebenso schneiden, eingeweichten Shiitakepilz gut auswringen und in dünne Streifen schneiden. Alles in einem EL Öl kurz durchbraten.
2. In jede Reisschale etwas Sojasauce und falls vorhanden einige Tropfen Sesamöl geben, mit *o-kayu* auffüllen und das Gemüsefleisch zuletzt daraufsetzen und servieren.
3. Jeder Gast vermischt sich sein *o-kayu* und schmeckt evtl. mit Salz und Pfeffer ab. Dieses Gericht kann mit einem Löffel gegessen werden.

Takikomi-Go-han (mit Gemüse oder Fleisch aufgesetzter Reis) und Maze-Go-han (Gemischter Reis)

Zu *takikomi-go-han* wird der ungekochte Reis generell mit *dashi* und verschiedenen Zutaten wie Gemüse, Fleisch oder Fisch aufgesetzt. Bei *maze-go-han* wird der Reis wie gehabt mit Wasser gekocht, die anderen Zutaten werden separat zubereitet und zuletzt dem fertiggekochten Reis untergemischt. Je nach Rezept, sind diese Gerichte recht sättigend und können durch eine einfache klare Suppe und etwas *tsukemono* ergänzt werden. Wie andere Gerichte, orientiert sich auch *takikomi-go-han* an der Jahreszeit, im Frühjahr gilt *take-no-ko go-han,* Reis mit jungen Bambussprossen als Delikatesse, im Herbst gibt es *kuri go-han,* Reis mit Maronen. *seki-han,* „Roter Reis“, ist eine Spezialität zu freudigen Anlässen. Hierfür wird Mochireis (klebriger Reis) mit landläufigem japanischen Reis gemischt und zusammen mit roten Bohnen aufgesetzt.

Ebenso wie andere Reisgerichte bieten sich *takikomi* und *maze-gohan* zur Verwertung von Fleisch- und Gemüseresten an. In Japan wird *takikomi-go-han* im Restaurant oft in rustikalen *kama,* kleinen individuellen Gefäßen aus Ton, gekocht. Beim Abnehmen des Holzdeckels entfaltet sich das Aroma.

Takikomi-Go-han

Obwohl es sehr verlockend ist, den *takikomi-go-han* mit möglichst vielen Gemüsen anzureichern, schmeckt er am besten, wenn die Zutaten knapp gehalten werden. Dann entfaltet sich das Aroma am besten. Mit *konbu-dashi* zubereitet, schmeckt *takikomi-go-han* milder, *dashi* aus *konbu* und Bonitenflocken eignet sich besonders gut im Winter.

3 Tassen ungekochter, japanischer Reis (ersatzweise Rundkornreis)
3 Tassen *konbu-dashi*
3 EL Sake
1/2 TL Zucker
1 TL Salz
1 1/2 EL Sojasauce
1 frittierte Tofutasche
50 g Mohrrübe
4 Shiitakepilze, getrocknet

1. *dashi* zubereiten.
2. Den Reis gut waschen, bis das Wasser klar fließt, in ein Sieb geben und eine Stunde darin quellen lassen.
3. Den Reis in einen schweren Kochtopf geben, mit *dashi* bedecken und etwa 10 Minuten lang ziehen lassen.
4. Die Tofutasche mit kochendem Wasser abspülen, um überschüssiges Öl zu entfernen, halbieren und in feine Streifen schneiden.
5. Die Mohrrübe in kleine Streifen schneiden.
6. Die Shiitakepilze 20 Minuten einweichen, vom Stiel befreien und in Streifen schneiden.
7. Die Tofutasche, Mohrrübe und Shiitakepilze zum Reis geben, leicht unterheben.
8. Sake, Zucker, Salz und Sojasauce zufügen, Deckel auflegen und auf hoher Stufe zum Kochen bringen.
9. Sobald das Wasser Blasen schlägt, den Reis auf sehr kleiner Flamme ca. 16-17 Minuten lang weiterköcheln lassen.
10. Flamme einmal kurz auf hoch stellen, sofort wieder ausstellen und den Kochtopf vom Herd nehmen. Den Reis noch ca. 6-7 Minuten lang dämpfen lassen. Der Reis darf nicht zu lange dämpfen, sonst wird er klebrig. Sollte der Reis beim ersten Versuch nicht gleich perfekt gelingen, reduzieren Sie beim nächsten Mal die Dämpfzeit. Besonders bei Elektroherden sollte man darauf achten, dass die Temperatur beim Reiskochen nicht zu hoch ist.

Sashimi – Die Essenz der Japanischen Küche

Sashimi ist gleichbedeutend mit Minimalismus und Perfektion. Frischer Fisch und frische Meeresfrüchte werden roh serviert und roh verzehrt. Die Betonung liegt dabei kompromisslos auf Frische! Das gilt für Fisch und ebenso für die Beilagen *(ashirai)*. Eine angerichtete Portion Sashimi sieht knackig frisch, „kühl" und saftig aus, sie besticht durch außergewöhnliche Schlichtheit und Eleganz.

Sashimi besteht aus einer oder mehreren Fischsorten (oder Meeresfrüchten) und wird mit verschiedenen frischen Beilagen *(ashirai)* serviert, die farblichen und geschmacklichen Kontrast liefern und zudem die Verdauung fördern. Eine Portion Sashimi mit verschiedenen Fischsorten und Meeresfrüchten wird als *sashimi-mori-awase* bezeichnet.

Zu Sashimi werden nur Fische (oder Meeresfrüchte) erster Güte ausgesucht, die am besten frisch gefangen, sofort filetiert und bis zur unmittelbaren Weiterverarbeitung kühl gelagert werden. *shun no mono,* Fische der Saison sind besonders begehrt. Es ist ein Erlebnis, im frühen Morgengrauen den Tsukiji Fischmarkt in Tokio zu besuchen und nicht nur die reichhaltige Auswahl zu bestaunen, sondern auch dem hektischen Treiben etwas beizuwohnen. Horden von Fischhändlern und Chefs feilschen um die Wette.

Kleinere Fische werden von vielen japanischen Hausfrauen zu hause selbst filetiert. Bei großen Fischen wie Thunfisch ist das natürlich nicht möglich. Im Fischhandel gibt es ein gutes Sortiment fertig filetierte Stücke, die zu hause mundgerecht geschnitten und angerichtet werden. Fisch und andere Meeresfrüchte, die sich für Sashimi (und Sushi) eignen, werden als *sashimi-yo* bezeichnet (zum Rohessen geeignet).

Die Vorarbeiten

Fisch

Wenn Sie Fisch für Sashimi oder Sushi einkaufen, empfiehlt es sich bei einem renommierten Fischhändler zu kaufen und darauf hinzuweisen, dass Sie beabsichtigen, den Fisch roh zu verspeisen. Besser noch, Sie merken sich, wie man frischen Fisch erkennt.

1. Wirklich frischer Fisch riecht nicht fischig, sondern angenehm frisch.
2. Bei frischem Fisch sind die Augen nicht eingefallen.
3. Die Kiemen zeichnen sich durch rosarote oder rötliche Färbung aus.
4. Die Schuppen glänzen.
5. Wenn man mit dem Finger auf den Fischbauch drückt, springt er zurück. Zurückbleibende Dellen sind Warnzeichen! Der Fisch ist nicht mehr ganz frisch.

Nichts geht über „frisch gefangen, frisch filetiert". Egal, ob frischer Fisch für Sashimi oder zu anderen Zwecken gekauft wird, kühle Lagerung ist oberstes Gebot. Ganze Fische werden zuerst entschuppt, anschließend schnell von Kiemen und Eingeweiden befreit, um die Qualität und Frische nicht zu beeinträchtigen. Danach wird der Fisch unter fließendem, kaltem Wasser innen und außen gut abgespült und bis zur weiteren Verwendung kühl aufbewahrt.

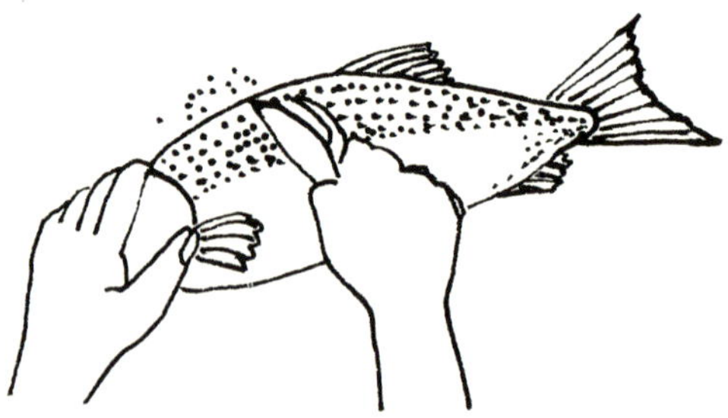

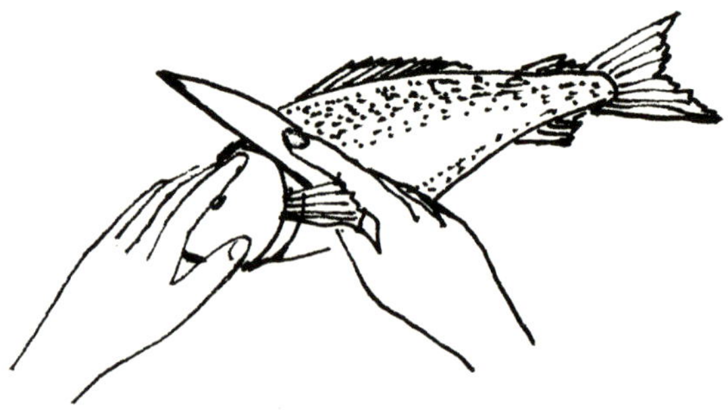

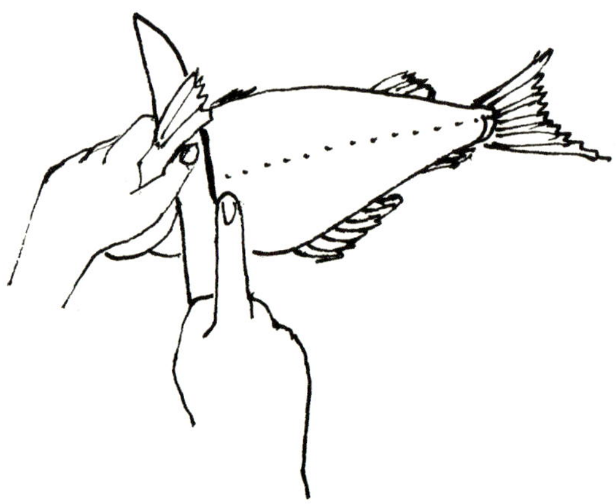

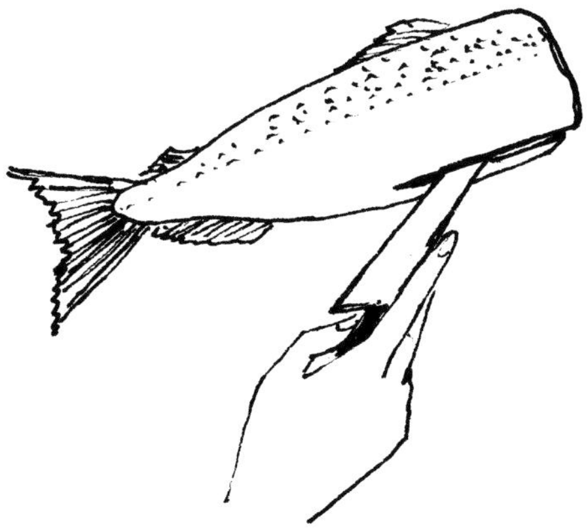

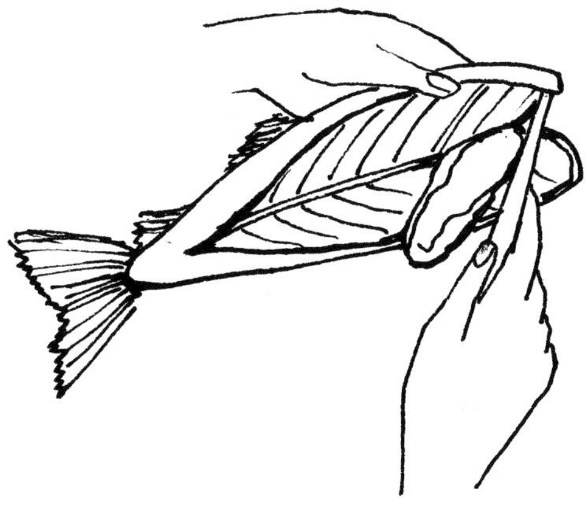

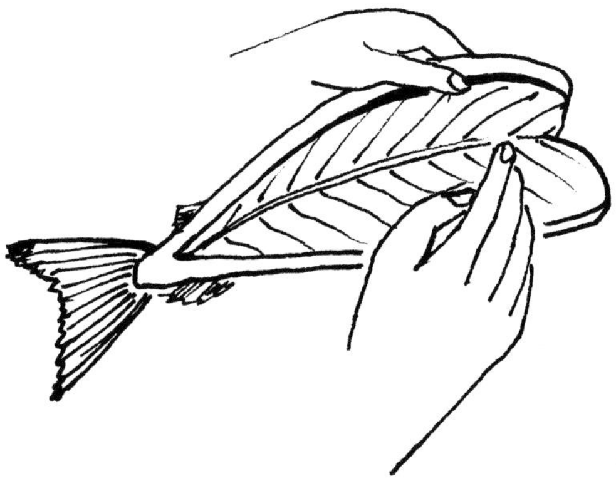

Schalentiere

Frischetest: Wenn man geöffnete Muscheln zudrückt und sie geschlossen bleiben, sind sie lebendig. Oft spritzt dabei ein Wasserstrahl heraus. Muscheln, die nach dem Zudrücken wieder aufklappen oder auf der Wasseroberfläche schwimmen, leben nicht mehr. Je frischer, desto besser. Am sandfreiesten sind Schalentiere, wenn sie beim Fischhändler in einem Tank mit frischer Wasserzufuhr gehalten werden. Sonst lässt man Muscheln eine Nacht im Kühlschrank, in kaltem Salzwasser, stehen und putzt sie anschließend.

Besonders bei Sashimi, Sushi oder Su-no-mono kommt es darauf an, nur ganz frische und ebenso saubere Muscheln zu verwenden. Außerdem sollten die Schalentiere zu diesen Spezialitäten klein und fein sein. Große sind oft zäh. Schalentiere lässt man sich entweder vom Fischhändler öffen, oder man versucht es zu Hause selbst. Es bedarf einiger Übung. Frische, ungekochte Muscheln öffnet man wie Austern mit einem Messer oder Spezialinstrument.

Ein paar kleine Tipps:
Wer sich um Fischgeruch in der Küche und an den Händen sorgt, den retten Zitronen. Reiben Sie sich die Hände vor und nach der Fischzubereitung mit etwas Zitronensaft ab.

Küchenbretter auf denen Fisch zubereitet worden ist, werden nach Gebrauch kalt abgespült und mit Salz oder Zitrone abgerieben, um Fischgeruch zu beseitigen. Anschließend normal abwaschen.

Um Küchenduft zu beseitigen, lässt man etwas Zitrone in Wasser aufkochen.

Das Filetieren

Die Kunst des Sashimi liegt in des Messers Schneide. Zum Filetieren der Fische brauchen Sie ein sehr scharfes Messer mit langer, spitzer Schneide. Der Erwerb eines Sashimimessers *(sashimi-bo-cho)* rechtfertigt sich jedoch nur, wenn Sie oft davon Gebrauch machen. Zusätzlich benötigen Sie ein großes, sauberes Küchenbrett sowie einige saubere Küchentücher aus Baumwolle. Es wird nass gearbeitet. Wenn der filetierte Fisch in Sashimischeiben geschnitten wird, werden Messer und Küchenbrett regelmäßig mit einem feuchten Baumwolltuch abgewischt. Wichtig ist das schnelle Vorgehen, denn der Fisch soll baldmöglichst wieder in den Kühlschrank.

1. Zuerst den Fisch unter fließendem Wasser abspülen und, wenn vorhanden, den Kopf abschneiden.
2. Den Fisch mit dem Rücken in eine Hand legen. Mit dem Messer in der anderen Hand den Fischbauch vom Kopf- bis zum Schwanzende aufschneiden.
3. Mit dem Messer vom Kopfende entlang der Mittelgräte schneiden und den oberen Teil (Rückenteil) von der Mittelgräte vorsichtig lösen.
4. Das Gewebe entlang der Rückenflosse mit dem Messer abtrennen. Das ergibt zwei Filets, eins ohne und eins mit Gräten.
5. Fisch umdrehen und wie vorher vom Kopfende entlang der Mittelgräte zum Schwanz hin filetieren.

Aus Prinzip wird in der japanischen Küche so gut wie nichts verschwendet. Alles soll essbar sein oder zumindest so gut wie möglich aufgebraucht werden. In diesem Sinne werden also auch Fischgerippe und Köpfe zu Suppe weitergekocht.

Manchmal bleiben trotz guten Filetierens Gräten im Filet zurück, die werden am besten mit einer sauberen Pinzette entfernt werden. Sashimi ist grätenfrei!

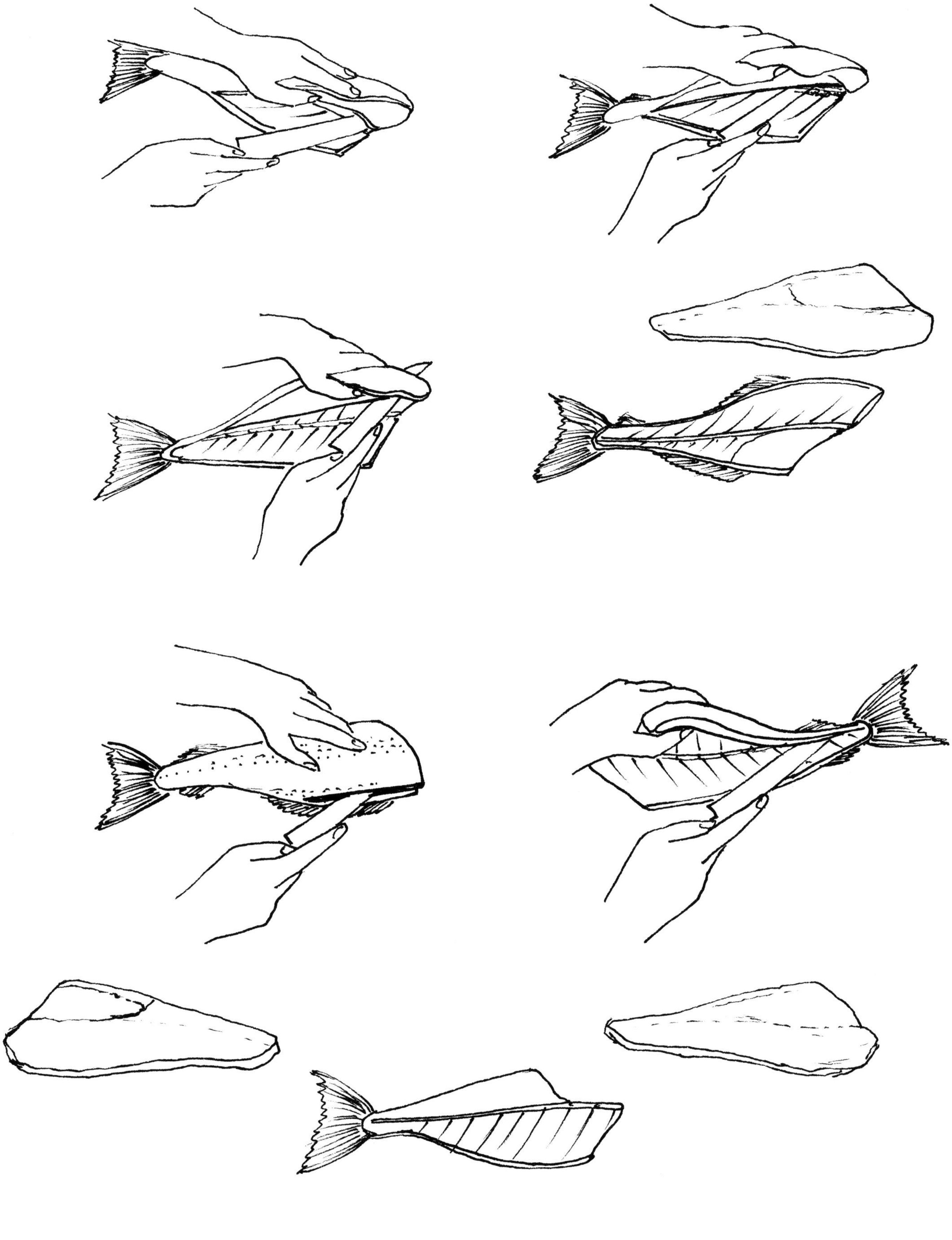

Plattfische

1. Bei Plattfischen wird erst die braune Seite geschuppt.
2. Am Schwanzende einen kleinen vertikalen Einschnitt machen, dann einen Einschnitt entlang der Mittelgräte zum Schwanz hin einschneiden (tilgen).
3. Entlang der Rückenflosse einschneiden und vertikal am Kopfende einen kleinen Einschnitt machen.
4. Entlang der Bauchflosse schneiden.
5. Die Filets vorsichtig von den Gräten ziehen. Man erhält vier Filets und ein Gerippe.

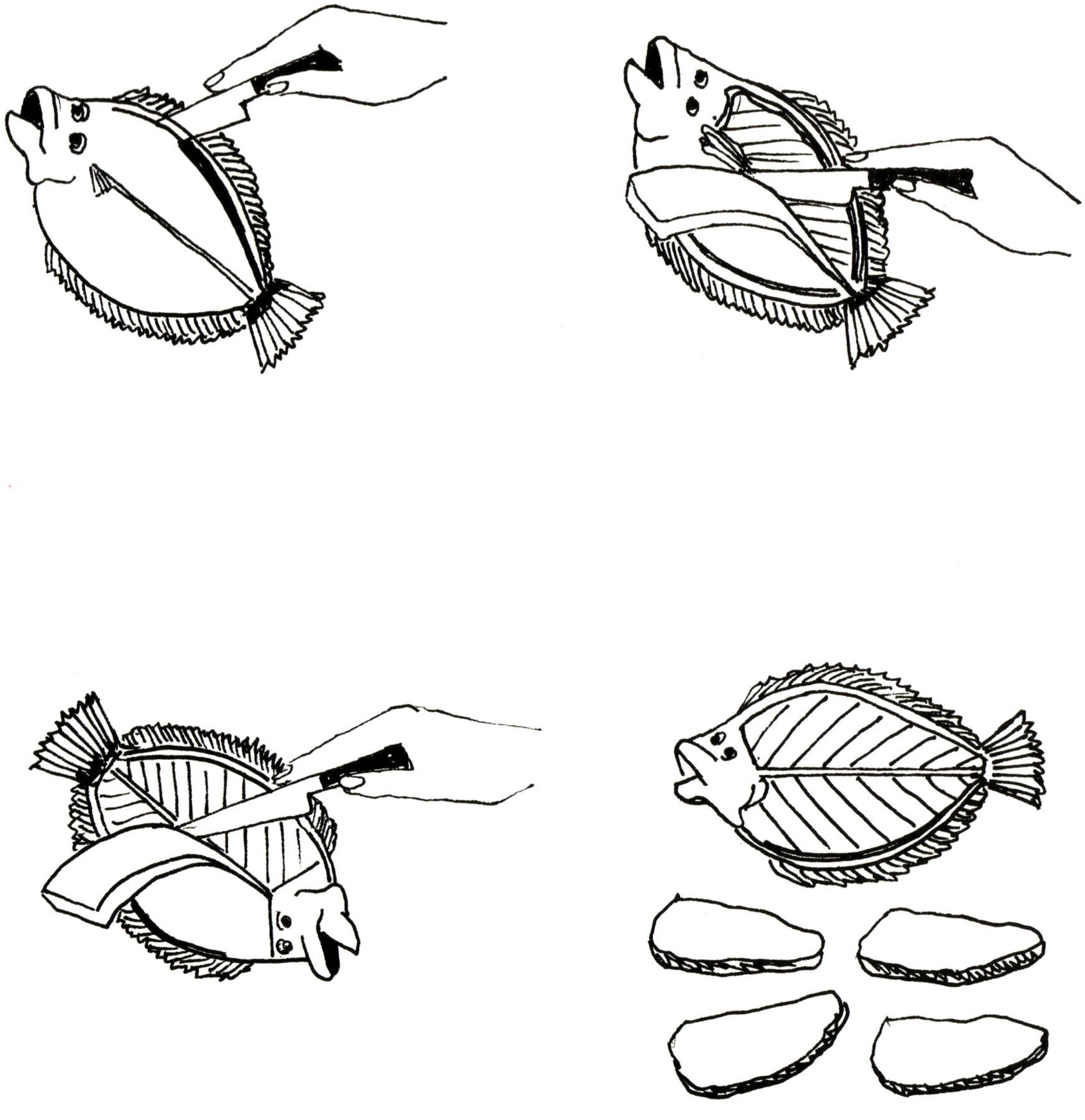

Hikarimono (Silbrig schillernde Fische wie Makrele, Hering, Sardine)

hikarimono werden meistens mit Salz und Essig behandelt, bevor sie zu Sashimi oder Sushi verarbeitet werden. Dadurch sind sie länger haltbar. *hikarimono* werden komplett geschuppt und ausgenommen, aber nicht enthäutet. Frische ist ausschlaggebend, denn *hikarimono* sind leicht verderblich!

Enthäuten

Fisch mit der Hautseite auf ein feuchtes Küchenbrett legen, am Schwanzende festhalten und ein großes, scharfes Messer vorsichtig hin und her gleiten lassen, bis das Gewebe von der Haut befreit ist.

Zubereitung von Calamari *(ika)*

Am besten eignen sich die größeren Sorten, die man auch zu „Steaks" aufschneidet. Selbstverständlich muss der Calamari frisch sein. Von klebrigem, schleimigem oder welk aussehendem *ika* muss man die Finger lassen. Am besten nimmt man Calamari auf einem feuchten Küchenbrett über der Spüle aus.

1. Mit einer Hand den Körper festhalten. Mit der anderen Kopf und Tentakeln greifen. Mit einem Schwung auseinanderziehen um den Körper vom Kopfteil zu trennen. Tentakeln werden je nach Rezept weiterverwendet.
2. Sollte der Tintensack zurückbleiben, diesen jetzt vorsichtig und ohne zu beschädigen herausziehen. Den Tintenbeutel hebt man je nach Rezept auf.
3. Anschließend den „Knorpel" vorsichtig aus dem Körper ziehen.
4. Finger zwischen Körper und Schwanzflosse schieben und die Schwanzflosse abziehen.
5. Die äußere Haut abziehen, ein Papiertuch ist dabei sehr hilfreich.
6. Calamari aufschneiden und die zurückbleibende, dünne, zweite Hautlage von beiden Seiten entfernen. Besonders wichtig ist das bei Sashimi.
7. Den Calamari gründlich waschen. Er kann jetzt z.B. als *ito-zukuri* weiterverarbeitet werden.

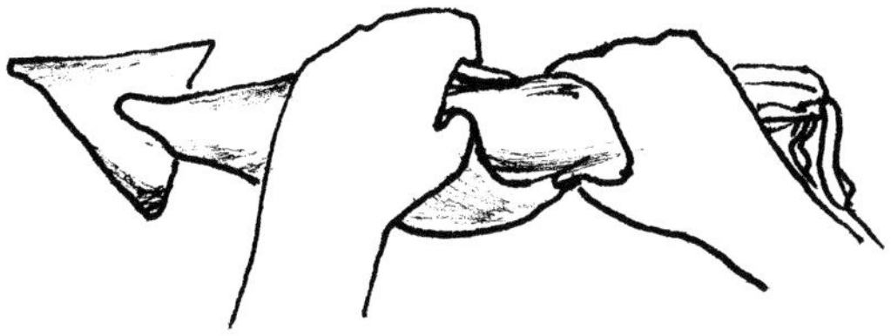

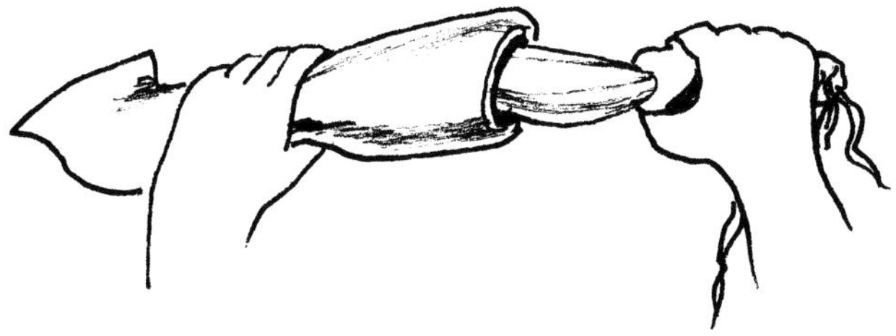

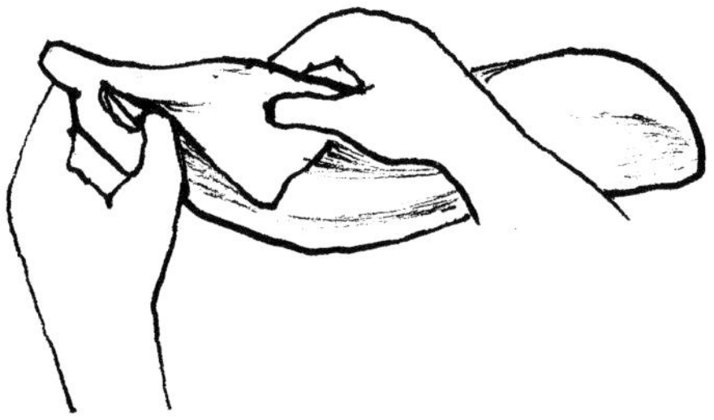

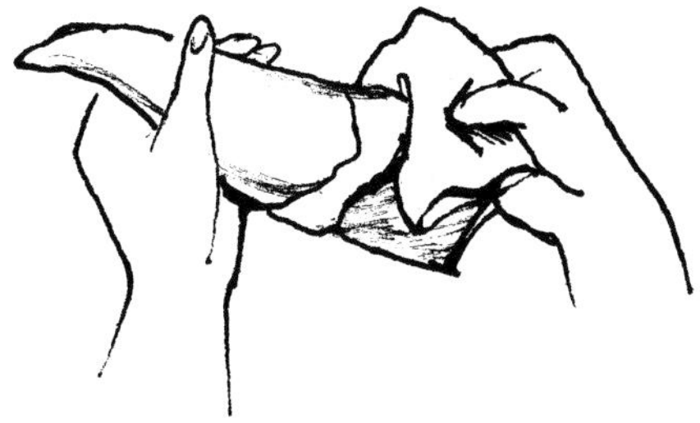

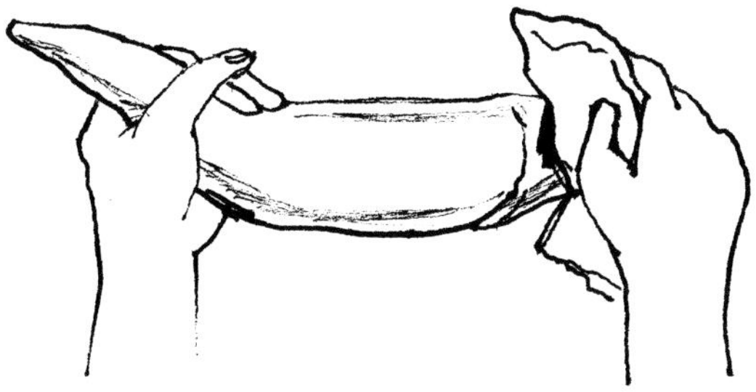

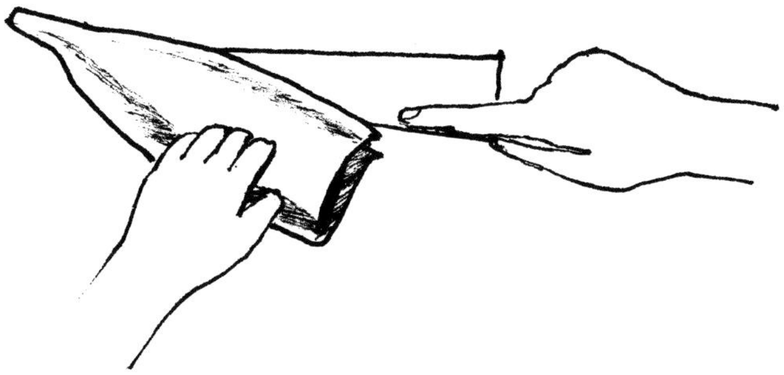

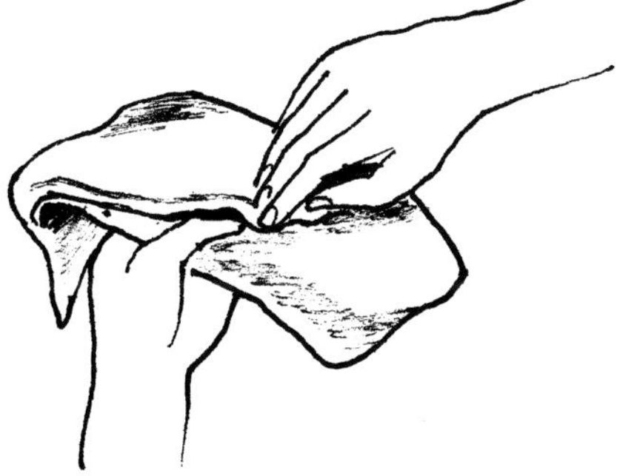

Das Schneiden des Sashimi

Wenn die Vorarbeiten geleistet sind, beginnt das eigentliche Sashimischneiden. Dazu benötigt man ein sauberes, feucht abgewischtes Brett, ein sauberes, sehr scharfes Messer und ein sauberes, feuchtes Küchentuch. Ein zusätzliches feuchtes Tuch unter dem Küchenbrett bewahrt es vor dem Hin- und Herrutschen.

Es gibt etwa vier Grundarten des Schneidens, die sich nach der Substanz des Fischfleisches richten. Richtig gewähltes Schneiden lässt den Geschmack des Sashimi optimal zur Geltung kommen. Auf unterschiedliche Art geschnittenes Sashimi derselben Fischsorte wirkt zudem interessant. Am praktischsten ist es, die *ashirai* (Beilagen) als erstes zuzubereiten. Wenn das Sashimi fertig angerichtet ist, wird es nur noch mit *ashirai* garniert und kann gleich serviert werden.

Man sollte nicht enttäuscht sein, wenn das Sashimi nicht so erstklassig aussieht wie beim Sushi-Chef. Diese haben immerhin eine langjährige Lehre hinter sich und sind Meister ihrer Kunst.

Hira-zukuri (Grundart des Schneidens in längliche Scheiben)

hira-zukuri eignet sich für sämtliche Fischarten. Das Filet wird in rechteckige, ca. 5-10 mm dicke Scheibchen geschnitten. Je fester das Fischfleisch, desto dünner kann es geschnitten werden. Weicher Fisch, wie Thunfisch, wird ca. 2 cm dick geschnitten.

1. Filet auf das Küchenbrett legen.
2. Mit einer durchgehenden, leichten Bewegung vom Griff zur Messerspitze hin in dünne Scheiben schneiden. Das ergibt eine glatte Oberfläche.
3. Scheiben mit der Klinge nach rechts schieben und ablegen. Sägen vermeiden! Gelegentlich die Klinge mit dem Küchentuch abwischen, um Rückstände und Fischöl zu entfernen.

Sogi-zukuri (Hauchdünnes Schneiden)

Diese Art eignet sich für festeren Fisch, wie Meerbasse, Barsch und Flunder. Um das Schneiden zu erleichtern, kann der Fisch im Tiefkühlfach sehr kurz angefroren werden.

1. Das Filet mit dem spitzen Ende leicht schräg nach unten auf das Brett legen. Das dickere Ende zeigt nach oben.
2. Mit dem schräggehaltenen Messer in einer Bewegung hauchdünne Scheiben schneiden.
3. Nach rechts schieben und ablegen.

Kaku-zukuri (Würfelschneiden)

Weicher Fisch wie Thunfisch und Bonite werden folgendermaßen geschnitten.

1. Das Filet senkrecht auf ein sauberes Brett legen.
2. Einen ca. 2 cm dicken, langen Streifen in einer Bewegung von oben nach unten abschneiden.
3. Den Streifen waagerecht drehen und in kleine 2 cm dicke Würfel schneiden.

Ito-zukuri (Fadenschneiden)

ika (Calamari) wird auf diese Weise zubereitet.

Geputzten, gehäuteten Calamari mit der Messerspitze in ca. 5 mm dünne und 5 cm lange Streifen schneiden.

Ashirai (Beilagen)

Sashimi wird gekühlt (aber nicht gefroren) und knackig frisch serviert. Zum Anrichten von Sashimi dürfen die *ashirai* (Beilagen) nicht fehlen. Auch sie müssen knackig aussehen und werden kurz in Eiswasser getaucht, um sie zu erfrischen. *ashirai* tragen zur Ausgewogenheit bei. Es gibt drei Arten von *ashirai: ken, tsuma,* und *karami.*

ken erfrischen den Gaumen und verleihen „Biss". Zu *ken* gehören Rettich *(daikon),* Gurke, Lauchzwiebeln und *wakame* Seetang.

tsuma verleiht Farbe und Aroma und hat zusätzlich eine keimtötende Wirkung. Als *tsuma* eignen sich Kresse, das Grüne der Lauchzwiebel und Petersilie. *tsuma* wie Rettichsprossen *(kaiware)* und Shiso-Blätter gibt es im Asienladen. Andere wie *benitade* und *kinome* (ein winziger Zweig von der Sansho-Pfefferpflanze) sind dagegen in Deutschland kaum erhältlich.

karami heben den Geschmack von Sashimi hervor. Am bekanntesten ist wohl *wasabi,* grüner, japanischer Meerrettich. *wasabi* passt zu fast allen Fischsorten und Meeresfrüchten. Japanischer Senf *(karashi)* wird zu Bonite gereicht, und frisch geriebener Ingwer *(oroshi-joga)* passt zu Sardinen und Bonite.

tsuma

tsuma müssen auch knackig sein und werden ebenfalls in Eiswasser erfrischt. Ein oder zwei (halbierte) Kressestengel, ein aromatisches Shiso-Blatt, etwas Petersilie oder das Grüne einer Lauchzwiebel in feine schräge Streifen geschnitten ergänzen das Sashimi.

karami

wasabi aus der Tube ist sehr praktisch. *wasabi* in Pulverform wird erst mit etwas Wasser angerührt und dann als hügelförmiger Klecks auf die Sashimi-Platte gesetzt. Frischer Ingwer wird gerieben und zu dem passenden Fisch gereicht. Japanischen Senf gibt es zum Anrühren oder in Tubenform. Mit *karami* und insbesondere *wasabi* sollte man sparsam umgehen.

ken

daikon (Rettich)

1. Den gewaschenen Rettich in ca. 5 cm lange Stücke schneiden, aufrecht stellen und in sehr dünne Scheiben schneiden.
2. Die Rettichscheiben in sehr feine „Fäden" schneiden.
3. Die Rettichfäden in Eiswasser legen, damit sie richtig knackig sind, abtropfen lassen und vor Gebrauch gut mit Küchenkrepp abtupfen.

Pro Person rechnet man etwa 3 EL Rettich.

1. Wer es den Sushi-Chefs nachmachen möchte, nimmt ein ca. 5 cm langes Stück Rettich, schneidet diesen sehr dünn mit einer scharfen, breiten Klinge von außen nach innen, so dass ein einziges langes Stück entsteht. Das geht am besten, wenn man das Messer vorsichtig „hin- und hersägt". Bildlich vorgestellt, kann der Rettich wie eine Papierrolle entrollt werden.
2. Anschließend wird die Rettichrolle vorsichtig fest eingerollt und der Breite nach in hauchdünne Fäden geschnitten.
3. Die Rettichfäden werden zum Erfrischen in Eiswasser gelegt, abgetropft und abgetupft.

Pro Person rechnet man etwa eine knappe Handvoll (ca. 3 EL) Rettich.

kyuri (Gurke)

1. Eine halbe Salatgurke in ganz dünne Scheiben schneiden.
2. Die Gurkenscheiben in eine Schüssel mit leicht gesalzenem Wasser geben (200 ml Wasser, 1 TL Salz) und einweichen, bis die Gurken leicht glasig werden.
3. Gurkenscheiben unter fließendem Wasser abspülen und mit beiden Händen auswringen und kaltstellen.

Man rechnet etwa drei bis fünf Scheiben pro Person, sollte aber genug zum Nachreichen haben.

shiraga-negi (Lauchzwiebelfäden)

1. Das Weiße von vier Lauchzwiebeln einmal der Länge nach halbieren und dann in ganz dünne Streifen schneiden.
2. Lauchzwiebelfäden 5 Minuten in eiskaltem Wasser einweichen lassen, um sie milder und knackig zu machen.
3. Abtropfen lassen und als kleine Hügel auf dem Teller anrichten.

Pro Person etwa 1/2-1 EL

wakame Seetang (frisch oder getrocknet)

1. *wakame* unter fließendem Wasser gut spülen und vom Salz befreien.
2. Anschließend etwa 20 Minuten in Wasser ziehen lassen.
3. *wakame* in mundgerechte Stücke schneiden und hügelförmig anrichten.

Pro Portion rechnet man etwa 2EL *wakame*. Getrockneten *wakame* etwa 5 Minuten lang in Wasser einweichen.

Anrichten auf dem Teller

Sashimi kann entweder auf einer größeren Platte angerichtet werden oder als einzelne Portion. Je größer das Angebot an Fisch und anderen Meeresfrüchten, desto exklusiver ist das Sashimi. Mehrere Sorten Fisch auf einem Teller angerichtet, werden als *sashimi-moriawase* bezeichnet.

Bei gemischtem, d. h. rotem und weißem Fischfleisch werden die weißfleischigen Fischscheibchen am vorderen Tellerrand angerichtet. Vorzugsweise bedient man sich zuerst von dem weißen Fisch. Wie alles in Japan, wird auch Sashimi in ungeraden Zahlen angerichtet.

Der Fisch und andere Meeresfrüchte werden in jeweils kleinen Grüppchen von 3, 5 ,7 oder mehr Scheiben angerichtet. Generell wird *ken* (Rettich, Gurke, *wakame* Seetang) zum rechten, hinteren Tellerrand angeordnet und das Sashimi wird vorsichtig davor gesetzt. *tsuma,* wie z.B. Kresse, können rechts oder links vom Sashimi angerichtet werden. Zuletzt wird ein kleiner Klecks *karami (wasabi)* vorne rechts platziert. Beim Sashimi kommt es darauf an, nach rechts hinten alles erhöht anzurichten und nach vorne links alles abflachen zu lassen. Zum Beispiel kann man das Shisoblatt auf die Kante stellen und zwischen den Sashimischeiben „einklemmen“. Rettichfäden eignen sich sehr gut um Hügel zu formen.

Wie isst man Sashimi

Jeder Gast hat vor sich eine kleine Schale mit etwas Sojasauce, in der ein wenig *wasabi* mit Stäbchen aufgelöst wird. Wenn verschiedene Fischsorten gereicht werden, ist der weißfleischige Fisch immer etwas nach vorne angerichtet und wird auch als erster verzehrt. Anschließend erfrischt man sich mit *ken* und bereitet sich auf das nächste Stück vor. Als guter Ton gilt, vom vorderen zum hinteren Tellerrand zu essen. Um Flecken von der Sojasauce zu vermeiden, darf man die kleine Schale mit der linken Hand anheben, während man das in Sojasauce getunkte Sashimi zum Mund führt.

Zu Sashimi trinkt man Sake, Bier oder japanischen Tee. Im Sushirestaurant kann man mit Sushi fortfahren. Auf jeden Fall gibt es hinterher immer eine Suppe.

In der japanischen Küche besteht generell die Regel: alles ist essbar. Was als Dekoration wirkt, ist nicht nur Garnierung, sondern zum Essen gedacht. Jede Zutat wird so gut wie möglich aufgebraucht oder weiterverwendet. Es wird sehr wenig weggeworfen.

Ika-Sashimi (Calamari)

2 Scheiben *mongo ika* (eine größere Calamariart)

ken:
5 cm Rettich, fein geraspelt
1 Mohrrübe, fein geraspelt

tsuma:
Kresse
das Grüne von zwei Lauchzwiebeln, dünn geringelt

karami:
wasabi

1. Die Beilagen zubereiten. Rettich und Mohrrübe fein raspeln, Lauchzwiebel ringeln und alles samt Kresse in Eiswasser erfrischen und abtropfen lassen.
2. Den ausgenommenen, enthäuteten Calamari entlang einer Seite von innen aufschneiden, um eine Scheibe zu erhalten.
3. Dann den Calamari á la *ito-zukuri* in dünne Streifen schneiden.
4. *ken* zum hinteren Tellerrand und Sashimi vorsichtig davor anrichten. Am besten gelingt das mit Stäbchen.
5. Mit *tsuma* links ergänzen und *karami* (*wasabi*, japanischer Meerrettich) vorne rechts garnieren.

Ika Variation

Um farblichen Kontrast und ein besonders „knackiges" Erlebnis zu vermitteln, wird ein Blatt *yakinori* zwischen 2 Scheiben *ika* gelegt und in Streifen geschnitten. Um Abwechslung zu bieten, kann diese Art des *ika* zusammen mit dem vorhergehenden Rezept kombiniert werden. Die *ashirai* (Beilagen) sind die gleichen.

2 Sashimi-fertige Scheiben *mongo-ika* (eine größere Calamariart)
1 Blatt *yakinori*

Das Blatt *yakinori* zwischen die zwei Calamarischeiben legen, gut andrücken und dann in dünne mundgerechte Streifen schneiden.

Meerbrassen-Sashimi

400 g Meerbrassenfilet
1EL *wasabi*
Sojasauce

ken:
wakame-Seetang

tsuma:
Petersilie

1. Die Meerbrasse á la *sogi-zukuri* in hauchdünne Streifen schneiden.
2. 3-5 Scheiben Sashimi auf individuellen Tellern anrichten und mit *wakame* und Petersilie garnieren.

Sashimi-mori-awase (Gemischtes Sashimi)

800 g Fischfilet, gemischt (z.B.Thunfisch, Flunder, Meerbasse, Jakobsmuscheln und Calamari)
2 EL getrockneter *wakame*-Seetang
1/4 Salatgurke (Gurkenscheiben)
1/4 Rettich *(daikon),* fein geraspelt
5 Lauchzwiebeln, nur das Weiße, ganz fein geraspelt
Kresse
2 Shisoblätter, falls erhältlich
Petersilie
wasabi

1. *wakame*-Seetang 5 Minuten in kaltem Wasser quellen lassen. Spülen, abtropfen lassen und leicht auswringen.
2. Salatgurke in hauchdünne Scheiben schneiden und in kaltem Salzwasser ziehen lassen, bis sie glasig werden. Herausnehmen, gut spülen und auswringen.
3. Den Fisch schneiden: Thunfisch im *hirazukuri,* Flunder und Meerbasse im *sogizukuri* und Calamari im *itozukuri* Stil schneiden. Die Jakobsmuscheln werden halbiert (nicht halbmondartig).
4. Auf der hinteren Tellerseite den *ken-wakame,* Gurkenscheiben, Lauchzwiebeln und *daikon* hügelfömig anrichten. Das Sashimi dekorativ davor, zur Mitte und Vorderseite des Tellers, in kleinen Grüppchen von jeweils einigen Scheiben, in ungeraden Zahlen, anrichten.
5. Zur Seite hin mit *tsuma*-Kresse, Shisoblättern und Petersilie garnieren. Vorne rechts einen kleinen Klecks *wasabi* (ca. 1 TL) hügelförmig setzen.

Flunder-Sashimi mit momiji-oroshi (geriebener Rettich mit roter Pfefferschote)

400 g Flunderfilet
50 g Rettich *(daikon)*
1 rote, getrocknete Pfefferschote, entkernt
2 EL grüne Lauchzwiebel, in dünne Ringe geschnitten
Sojasauce
wasabi

1. Den Rettich putzen.
2. *momiji-oroshi* (geriebener Rettich mit etwas roter Pfefferschote) zubereiten. Mit einem Essstäbchen ein langes Loch in den Rettich *(daikon)* bohren und anschließend eine Pfefferschote auf das Stäbchen stecken und in das Rettichloch hineinschieben.
3. Dann wird der Rettich auf einer Reibe gerieben. Man erhält rötlich gefärbten Rettich. Mit beiden Händen überschüssiges Rettichwasser auswringen. Anschließend Hände waschen! Einfacher ist, gemahlenen roten Pfeffer (Cayenne) mit geriebenem Rettich zu vermischen.
4. Das Filet im *sogi*-Schnitt in hauchdünne Scheiben schneiden.
5. Sashimi attraktiv anrichten.

Shime-saba (Makrelen-Sashimi)

1 Makrele

zum Einlegen:
3 EL Salz
1/4 l Reisessig

ashirai:
1 Bund Kresse (oder *kaiware*)
das Weiße von 6-8 Lauchzwiebeln
50 g *wakame* Seetang, frisch (bei getrocknetem *wakame* gilt das Gewicht nach dem Einweichen)
etwas *karashi,* japanischer Senf (alternativ: scharfer, herkömmlicher Senf)

1. Die Makrele filetieren.
2. Makrele in ein flaches Sieb oder ein flaches, längliches Körbchen legen und eine große Platte oder einen Teller unter das Sieb stellen.
3. Makrele von beiden Seiten mit Salz bestreuen und eine Nacht im Kühlschrank ruhen lassen.
4. Makrele unter fließendem Wasser abspülen und mit Küchenkrepp gut abtupfen.
5. Makrele in eine längliche Schale geben, sofort mit Essig begießen und je nach Geschmack ein bis drei Stunden im Kühlschrank ziehen lassen. Je länger die Makrele zieht, desto säuerlicher schmeckt sie.
6. Die *ashirai* zubereiten. *wakame* waschen, ausdrücken und in mundgerechte Stücke schneiden. Die Kresse in Eiswasser erfrischen und gut abtropfen lassen. Die Lauchzwiebel in feine Fäden schneiden und in Eiswasser abschrecken. Japanischen Senf evtl. anrühren.
7. Die Makrele gut abtropfen lassen, abtupfen und auf ein feucht abgewischtes Küchenbrett legen.
8. Bei diesem Rezept wird die oberste, hauchdünne Hautschicht abgezogen. Mit einer Hand das dickere Ende der Makrele festhalten und mit der anderen die Haut vorsichtig abstreifen.
9. Den dunkelrot gefärbten Teil entlang der Makrelenfilets abschneiden und zurückgebliebene Gräten gleich mit entfernen. Eine saubere Pinzette eignet sich dafür am besten.
10. Jedes Makrelenfilet einmal der Länge nach mit einem scharfen Messer in Rückenteil und Bauchteil einschneiden. Das Rückenteil ist das obere Teil, mit der dunkel gefärbten Haut, das Bauchteil ist hellsilbrig gefärbt.
11. Das Rückenteil mit der Hautseite nach oben auf ein Küchenbrett legen und von rechts nach links auf *hirazukuri*-Art in Scheiben schneiden. Um einen besonderen Effekt zu erzielen, werden die Scheiben auf 5 mm Breite nur tief angeschnitten und erst auf 10 mm Breite durchgeschnitten. Wer lieber dünnere Scheiben mag, schneidet die Filets in 5 mm dicke Scheiben.
12. Das Bauchteil wird im *sogizukuri*-Stil mit einem sehr schräg gehaltenen Messer in dünne Scheiben (ca. 3 mm) geschnitten.
13. *wakame,* Lauchzwiebeln und Kresse dekorativ zum rechten hinteren Tellerrand anrichten, davor das Sashimi aus Bauch und Rücken dekorieren. Rechts vorne einen kleinen Klecks Senf setzen.

Sushi

Der genaue Ursprung des Sushi bleibt verschwommen. Es heißt, Vorläufer des heutigen Sushi entstammen dem asiatischen Festland, möglich ist aber auch, dass sich Sushi in Japan selbst entwickelt hat. Fest steht, dass Sushi im Laufe der Zeit verschiedene Formen hatte. Ursprünglich war das „Ur-Sushi" ein Rezept zum Konservieren von Fisch. Fisch und Meeresfrüchte wurden mit Salz und gekochtem Reis vermischt und bis zu einem Jahr fermentiert. Der durch den Gärungsprozess „suppig" gewordene Reis wurde weggeschüttet und allein der gegorene Fisch verzehrt. Auch heutzutage gibt es verschiedene Merkmale dieser Art von Sushi. Funa-zushi vom Biwasee, in der Nähe von Kyoto und Hata-hata-zushi aus der Provinz Akita. Diese fermentierte Form des Sushi, bekannt als Narezushi oder Urezushi repräsentiert die älteste Form von Sushi. Im Laufe der Zeit verringerte sich die Dauer des Gärprozesses allmählich, und dementsprechend entwickelte sich Sushi geschmacklich. Sushi schmeckte zwischenzeitlich eher roh als gegoren und wurde als Namanarizushi bezeichnet. Es sollte jedoch noch sehr lange dauern, bis rohes Sushi „erfunden" wurde.

Heute wird generell zwischen dem Kansai-zushi aus Westjapan und Edo-mae-zushi aus Tokio unterschieden. Kansai-zushi symbolisiert die direkte Weiterentwicklung vergangener Sushi-Formen und blickt auf eine stolze, eintausendjährige Geschichte zurück. Kansai-zushi bewahrt heute die Tradition: Fisch und Meeresfrüchte werden nicht roh serviert, sondern ziehen mit Salz eingerieben einige Stunden und werden anschließend mit Essig abgeschreckt, um noch 1-2 Tage im Kühlschrank zu ruhen. Kansai-zushi zeichnet sich zudem durch wesentlich süßeren *shari* (Sushireis) aus. Beides trägt zur verlängerten Haltbarkeit bei. Kansai-zushi wurde früher beim Sushi-ya-san (Sushi-Laden) gekauft, aber zu Hause gegessen. Oshi-zushi und Hako-zushi sind bekannte Vertreter des Kansai-zushi. Beide Arten werden mittels einer Holzform zubereitet und gepresst. Der Vorgang bei Oshi-zushi sieht etwa so aus: Verschiedene Lagen von Fisch und Sushireis werden in eine rechteckige Holzform gefüllt und anschließend mit dem dazupassenden Deckel festgepresst. Die erste Lage besteht immer aus Fisch (oder einer Meeresfrucht). Das Ganze wird dann umgedreht und auf ein Küchenbrett gestürzt. Der Fisch wird anschließend mit einem angemachten, hauchdünnen Blatt Konbu-Seetang belegt, damit das Sushi nicht austrocknet. Anschließend wird dieses längliche Sushirechteck in gleichmäßige Scheiben geschnitten. Kansai-zushi sieht perfekt eckig aus.

Edo-mae-zushi entwickelte sich aus Kansai-zushi vor etwa zweihundert Jahren in Edo, dem heutigen Tokio. Edo-mae-zushi ist stets handgeformt und zeichnet sich heute durch frischen, rohen Belag *(tane)* und angenehm süß-sauer abgeschmecktem Sushireis *(shari)* aus. Kleine handgeformte Nigiri-zushi Stücke und mit Nori eingerollte und handgewickelte Maki-zushi repräsentieren Edo-mae-zushi. Nigiri-zushi ist weltweit zum Inbegriff des Sushi geworden und hat einen sagenhaften Boom ausgelöst. Von Tokio bis Hong-Kong und Taipei, von San Francisco bis nach New York, London, Paris und Berlin, Sushi ist zum internationalen Begriff geworden!

Das war aber nicht immer so. Anfangs unterschied sich Nigiri-zushi vom Kansai-zushi lediglich dadurch, dass es handgeformt war. Bis zum Zweiten Weltkrieg etwa sah Nigiri-zushi sehr anders aus als heute und schmeckte auch anders. Im Gegensatz zum gewohnten weißen *shari* (Sushireis), enthielt Sushireis damals gehackte Shiitakepilze, Seetang und Surimi aus weißem Fisch. Die handgeformten Sushistücke waren von solch beachtlicher Größe, dass drei bis vier Stücke zur Sättigung reichten. Ferner war die Auswahl an sogenannten *tane* (der Belag) viel begrenzter. In der Gegenwart hochgepriesener Thunfisch, wurde einst als niederer Fisch betrachtet, und der unter Feinschmeckern besonders geschätzte *toro,* der fette Teil des Thunfischs, wurde sogar nicht verwertet. Als *akami,* Fisch mit rotem Fleisch, wurden einst Forelle *(masu)* und Lachs *(shake)* bevorzugt. Interessanterweise waren die *tane* bis in die jüngste Vergangenheit, ähnlich wie beim Kansai-zushi, nicht roh, sondern mit Essig bzw. Salz leicht angemacht. Erst mit verbesserten Lagerungsmöglichkeiten und der Entwicklung der Kühltechnik setzten sich allmählich rohe *tane* beim Sushi durch. Seit Ende des Zweiten Weltkrieges besteht Edo-mae-zushi (Nigiri und Maki-zushi) mehr oder weniger in seiner gegenwärtigen Form.

Mit der Zeit veränderten sich die Sitzverhältnisse in Sushi-Restaurants. Jetzt sitzen die Gäste auf Stühlen, während die Chefs hinter dem Tresen im Stehen ihre Fähigkeiten walten lassen. Für Liebhaber gibt es nichts schöneres als den *ita-mae-san* (Köchen) bei dem Sushi-Ritual zuzuschauen. Um möglichst vielen Gästen den Anblick zu ermöglichen, haben sich lange Tresen eingebürgert. Inzwischen hat Edomae-zushi das Kansai-zushi in seiner eigenen Hochburg in Westjapan fast verdrängt. In Kansai gibt es nur wenige Sushi-ya, die ausschließlich Kansai-zushi servieren.

Wissenswertes zum Sushi-Genießen

Das Zusammenspiel von *shari* (Sushireis) und *tane* (Belag) macht das Sushiessen zu einem Genuss. Es gibt ein Sprichwort: *„Sushi wa kome ni roku bun no aji ga aru"*. Bei schmackhaftem Sushi kommt es zu sechs Teilen auf den Sushireis an! Das Geheimnis gelungenen Sushis liegt neben etwas Geschick, in der richtigen Proportion von Essig, Zucker und Salz und Reis und im *tane*. Junge Sushichefs müssen sich das Handwerk in harter, jahrelanger Arbeit vom Meister abgucken.

Gutes Nigiri-zushi bei einem renommierten Sushi-ya-san zu essen, ist wirklich ein kulinarisches Erlebnis. Beim handgeformten Nigiri-zushi versteht es sich von selbst, dass die einzelnen Stücke von mundgerechter Größe sind. Nigiri-zushi wird in *kan* gezählt, ik-kan = ein Stück, ni-kan = zwei Stück. Meist wird Nigiri-zushi

im Doppel serviert. Einst begann Sushi mit *gyoku,* gebratenem Omelett als Belag. Gegenwärtig gibt es keine Vorschriften, vorzugsweise beginnt man aber mit fettärmeren, milderen Fischsorten (meist weißes Fischfleisch) und solchen, die mit Essig abgeschreckt sind, wie *hikarimono* (Makrele, Hering usw). Anschließend folgen die rotfleischigen Sorten wie *maguro* (Thunfisch). Abschließend genießt man fettere Sorten wie *toro,* das fetthaltige Fleisch vom Thunfisch. Dazwischen werden Schalentiere, Calamari und ähnliches verzehrt.

Weißes Fischfleisch, wie von Scholle und Flunder, wird dünner geschnitten *(sogi-zukuri)* als die sehr weichen, rotfarbenen Fischarten wie Thunfisch und Bonite. Hier bieten sich *hira-zukuri* oder *kaku-zukuri* an (siehe Sashimi). Zu Maki-zushi wird neben Fisch auch *natto* (fermentierte Sojabohnen) und *ume-boshi* gereicht. Mit Gurke gewickeltes Maki-zushi heißt Kappa-maki, ein Name, der sich an ein japanisches Fabelwesen namens Kappa anlehnt. Kappa soll in japanischen Gewässern hausen und sehr gerne Gurken essen.

Um die einzelnen Sushi optisch abzugrenzen, aber auch, damit die einzelnen Fischsorten ihren Geschmack nicht aufeinander übertragen, werden verschiedene Sushi-Sorten mit einem *sasa*-Blatt (eine Art Bambusgras) abgegrenzt. Früher dienten *sasa*-Blätter sogar zum Einwickeln von Lebensmitteln, und in exklusiven Restaurants werden aus ihnen Boote und Schalen geformt und statt Tellern benutzt. Heute werden *sasa*-Blätter oft durch Plastikkopien ersetzt.

Sojasauce, *wasabi* und geriebener Ingwer (bei Fisch mit sehr ausgeprägtem Geschmack) sowie *gari* (eingelegter Ingwer) werden speziell zu Edo-mae-zushi, also zu Nigiri-zushi und Temaki-zushi gereicht. Diese Zutaten runden das Sushi ab und tragen zur besseren Verdauung und Verträglichkeit bei. Kansai-zushi wird traditionell ohne Sojasauce gereicht, aber durch den Einfluss des Nigiri-zushi bleibt das Kansai-zushi nicht immer von Sojasauce verschont.

Interessant ist beim Sushi, dass viele Zutaten besondere Namen tragen. Sojasauce wird hier *murasaki* genannt, normalerweise heißt sie *shoyu.* Tee *(o-cha)* heißt *o-agari,* eingelegter Ingwer wird als *gari* bezeichnet, und *wasabi* ist *sabi.* Sushi genießt auch in der Schreibweise viele Variationen.

Einige Tipps zum richtigen Essen

Wenn der Sushi-Chef die ersten Sushi-Stücke präsentiert, träufelt man sich etwas Sojasauce auf die kleine bereitstehende Schale und rührt etwas *wasabi* unter. Das fertige Sushi kann entweder mit der Hand oder mit Stäbchen gegessen werden. Experten schwören auf die Hand! Temaki-zushi wird immer mit der Hand gegessen.

Nur der Belag, das *tane* wird leicht in die Sojasauce getunkt. Den köstlichen Sushireis mit Sojasauce zu vermischen, gilt als äußerster faux pas. Genauso derb ist es, den Sushibelag vom Sushireis abzuheben und separat zu essen. Das Sushi-Erlebnis liegt im Verschmelzen von *shari* und *tane,* Sushireis und Belag. Jedes Sushi wird in einem Stück in den Mund genommen, damit sich der Geschmack ungestört entfalten kann. Sushi, die mit Fischrogen oder mit einigen Krümeln geriebenem Ingwer oder Rettich garniert sind, kann man kaum in die Sojasauce tunken, ohne dass alles auseinanderfällt. Zu diesem Zweck nimmt man etwas *gari* (eingelegten Ingwer), der immer mitgereicht wird, benetzt ihn mit Sojasauce und betüpfelt damit leicht den Belag. Zwischen den einzelnen Stücken Sushi erfrischt man den Gaumen regelmäßig mit etwas *gari.* Ergänzend nippt man dazu am Tee.

Wie wird Sushi zubereitet? Hierbei gilt zu berücksichtigen, dass normalerweise in japanischen Haushalten kein Nigiri-Zushi zubereitet wird. Dieses wird lieber dem Profi, dem sogenannten Sushi-ya-san überlassen. Es ist nicht einfach, guten *shari* (Sushireis) zuzubereiten. Dabei handelt es sich bei den Grundgewürzen um nichts anderes als Essig, Zucker und Salz. Aber auf die richtige Proportion kommt es an. Und das ist auch in Japan „Geschäftsgeheimnis“. Natürlich gibt es (vererbte) Grundrezepte für Sushireis, derer man sich bedient, um dann nach eigener Vorliebe selber abzuwandeln. Außerdem ist das Zubereiten von Nigiri-zushi eine arbeits- und zeitintensive Prozedur. Jedes kleine Stück muss eigens gefertigt werden. Zu Hause werden Chirashi-zushi, Maki-zushi und Inari-zushi selbst angerichtet. Diese Arten von Sushi sind einfacher in der Zubereitung. Beim Chirashi-zushi werden die Zutaten auf dem Sushireis verteilt. Beim Maki-zushi wird der Sushireis in Nori eingerollt und für Inari-zushi werden frittierte Tofutaschen mit Sushireis gefüllt. Hier werden dennoch die Grundlagen des Nigiri-zushis aufgeführt. Wer zu Hause selbst Nigiri-zushi ausprobieren möchte, geht am besten erst einmal gutes Sushi essen und beobachtet die Sushichefs gewissenhaft. Wie beim Sashimi gehört das frischeste Fischfilet zum Sushi. Bei der Sushizubereitung wird der Fisch meist im *sogi-zukuri* Stil geschnitten. Zu Sushi wird Bier, Sake oder Tee gereicht.

Grundrezept für Sushireis

Wichtig bei der Sushireisherstellung: der Reis muss heiß verarbeitet werden. Die Essigmischung muss vorsichtig untergehoben werden, um den Reis nicht zu zerdrücken, und der Reis muss gleichzeitig mit einem Fächer (oder einer Zeitschrift) abgekühlt werden. *konbu* verleiht dem Sushireis extra Geschmack und Sake lässt den Reis schön flockig werden. Dieses Grundrezept eignet sich für sämtliche aufgeführte Sushiarten. Sushireis hat etwas mehr „Biss" als herkömmlicher Reis, die Wassermenge wird etwas geringer gehalten.

4 Tassen ungekochter, japanischer Reis, (ersatzweise Rundkornreis, ergibt etwa die doppelte Menge an gekochtem Reis)
800 ml Wasser
ein 15 x 15 cm Stück *konbu* Seetang
4 EL Sake

Für den Sushi-Essig:
100 ml Essig
5 EL Zucker
1 TL Salz

etwas Essigwasser zum Auswaschen der Schüssel

1. Den Reis in einer Schüssel mit Wasser ordentlich mit den Händen waschen um Rückstände zu entfernen. Es muss knirschen! Wasser abgießen. Vorgang solange wiederholen bis das Wasser klar fließt.
2. Reis in ein Sieb gießen und eine Stunde lang im Sieb ruhen lassen.
3. Reis, Wasser, *konbu* und Sake in einen schweren Kochtopf geben und auf hoher Flamme zum Kochen bringen. Sobald das Wasser anfängt Blasen zu schlagen, den *konbu* entfernen. Deckel auflegen und auf sehr kleiner Flamme ca. 16-17 Minuten lang köcheln lassen.
4. Flamme einmal blitzschnell auf hoch stellen, sofort wieder ausstellen und Kochtopf vom Herd nehmen. Den Reis noch ca. 6-7 Minuten lang dämpfen lassen. Der Reis darf nicht zu lange dämpfen, sonst wird er matschig. Sollte der Reis beim ersten Versuch nicht gleich perfekt gelingen, reduzieret man beim nächsten mal die Dämpfzeit. Besonders bei Elektroherden sollte man darauf achten, dass die Temperatur beim Reiskochen nicht zu heiß ist. Am besten wärmt man anfangs eine zweite Kochplatte auf schwache Temperatur an und lässt den Reis darauf köcheln.
5. Während der Reis dämpft, den Sushi-Essig zubereiten. Essig mit Zucker und Salz auf kleiner Flamme aufsetzen bis sich die Zutaten restlos aufgelöst haben. Es darf nicht kochen, sonst verfliegt der Essig.
6. Etwas Essigwasser zubereiten, ein sauberes Küchentuch eintunken und eine flache Schale oder Auflaufform damit leicht abwischen, damit der Reis nicht anklebt.
7. Den gekochten Reis mit einem Schwung in die flache Schüssel geben und mit dem feuchten Holzlöffel leicht und schnell über die Schale verteilen. Dabei darf der Reis nicht heftig gerührt oder zerdrückt werden.
8. Den Sushi-Essig schnell über dem Reis verteilen und vorsichtig mit einem mit Essigwasser angefeuchteten Holzlöffel gleichmäßig unter den Reis heben.
9. Gleichzeitig wird der Reis dabei gefächert, um ihn abzukühlen und nicht klebrig werden zu lassen. Am besten, Sie engagieren einen Helfer zum Fächern.
10. Den fertigen Sushireis mit dem angefeuchteten Küchentuch abdecken, damit er nicht austrocknet. So hält er sich einige Stunden. Am besten ist es jedoch den Sushireis sobald wie möglich weiter zu verarbeiten. Sushireis ist nicht sehr haltbar und darf auf keinen Fall im Kühlschrank aufbewahrt werden. Dann wird er hart und trocken.

Maki-zushi (In *nori* gewickelte Sushirollen)

maki-zushi gibt es in zwei Variationen, mit einer Bambusmatte fest eingerollt und mit der Hand schultütenartig eingewickelt. Beide Versionen sind mit Reis und Einlage gefüllt und mit *yaki-nori* umwickelt. Futo-maki und Hoso-maki werden jeweils mit einer Bambusmatte *(makisu)* eingerollt. Futo-maki ist eine pralle, dicke Sushirolle, hoso-maki ist dünngerollt. Beim Hosomaki beschränkt man sich auf ein bis drei Füllungen. Bekannte hoso-maki sind *tekka-maki,* mit Thunfisch gefüllt, und *kappa-maki,* mit Gurke gefüllt. Oft wird dem Thunfisch ein Stängel Kresse (bzw. *kaiware*) beigerollt. Der Kreativität sind kaum Grenzen gesetzt. Zum Futo-maki werden fünf oder sechs verschiedene Zutaten als Füllung eingerollt.

Te-maki-zushi wird, wie der Name besagt, mit der Hand gewickelt. Eine Te-maki-zushi Party macht Spass! Der Gastgeber serviert eine Platte mit dekorativ angerichteten Zutaten, die sich als Füllung eignen, Sushireis, *yaki-nori* und etwas *wasabi.* Die Gäste rollen sich ihr Te-maki-zushi selbst am Tisch. Dabei darf man ruhig kreativ sein!

Wie beim Sashimi ist darauf zu achten, dass roher Fisch und rohe Meeresfrüchte möglichst fangfrisch sind und bis zum Servieren kühl gelagert werden.

Hoso-maki-zushi (für 12 Rollen)

6 Tassen Sushireis (entspricht 3 Tassen ungekochtem Reis)
6 Blätter *yakinori*
1/2 Salatgurke
250 g rohes Thunfischfilet, in lange Streifen geschnitten
1 kleines Bund Kaiwaresprossen oder Kresse
1 Avocado
1 EL Wasser
1 EL Essig

1. Den Thunfisch in lange, dünne Streifen schneiden. Kurz in den Kühlschrank stellen.
2. Avocado in zwei Hälften teilen und jede Hälfte in ca. 10 dünne Streifen schneiden.
3. Gurke waschen und gut abtrocknen, nochmals halbieren und anschließend der Länge nach vierteln, Kerne entfernen. Gurke in ganz dünne, ca. 10 cm lange, Streifen schneiden. Die Länge der Streifen ergibt sich aus der Länge der Gurke.
4. Die Yakinoriblätter im heißen Backofen 30 Sekunden lang rösten, um sie aromatischer und knackiger werden zu lassen. Dann mit einem Messer in zwei Hälften teilen und auf einen trockenen Teller legen.
5. Eine Hälfte der Norischeibe mit der blanken Seite nach unten auf die Bambusmatte legen, ca. einen Fingerbreit vom Rand entfernt.
6. In einer kleinen Schale je 1 EL Wasser und Essig verrühren. Zeigefinger mit Essigwasser benetzen und ganz schnell über den Nori streichen.
7. Beide Handflächen mit etwas Essigwasser benetzen (der Reis klebt dann nicht an den Fingern) und eine halbe Tasse Sushireis auf dem Noriblatt verteilen. Dabei ist darauf zu achten, dass an beiden Enden ein 2 cm breiter Rand belassen wird. Ohne Rand lässt sich die Rolle schwer wickeln und der Reis platzt heraus. Nach Belieben eine ganz dünne Linie mit *wasabi* über den Sushireis ziehen.
8. In die Mitte vom Reis je einen Streifen Thunfisch und Kresse oder Thunfisch und Avocado auflegen. Die Füllung mit den Fingern fest andrücken und mit beiden Daumen die Matte schnell herüberrollen, so dass die Füllung vom Nori umwickelt ist. Festdrücken, damit die Rolle nicht auseinanderfällt. Wer Übung hat, kann jeweils einen dünnen Streifen Thunfisch, Avocado und Kresse einwickeln.
9. Anschließend ein scharfes Messer kurz mit Essigwasser abwischen und die Rolle halbieren. Dann jede Hälfte in drei gleiche Scheiben schneiden.

Nach Belieben eine Rolle nur mit Gurke füllen (Kappamaki), oder nur mit Thunfisch und Kaiware.

Zur Füllung eignen sich auch Zutaten wie *natto* (fermentierte Sojabohnen), *umeboshi* (Salzpflaume), *tamago* (japanisches Omelett) und *horenso* (blanchierter Spinat). Ähnlich wie beim Sashimi eignen sich Fisch und Meeresfrüchte wie *toro* (fetter Teil des Thunfisch), *chuo-Toro* (halbfetter Thunfisch), *ebi* (Garnele, blanchiert), *amaebi* (Garnele, roh), *ikura* (Lachsrogen), *tobiko* (Kabeljaurogen), *shimesaba* (mit Essig angemachte Makrele), *kani* (gekochtes Krebsfleisch) und *surimi* oder *hotategai* (Jakobsmuscheln). Moderne Versionen sind beispielsweise auch mit Brie, anderen Käsesorten oder mit Spargel gefüllt. Der Kreativität sind keine Grenzen gesetzt. Geröstete Sesamkörner und sehr feingehackte Lauchzwiebeln verleihen Knack und Biss. Thunfisch mit gehackten Lauchzwiebeln statt Kresse oder Kaiwaresprossen gereicht, schmeckt auch sehr gut.

Futo-maki (Dickgerolltes Sushi mit 5 Füllungen)

6 Tassen Sushireis
4 Blatt *nori*
5 getrocknete Shiitakepilze
200 ml lauwarmes Wasser (zum Einweichen der Pilze)
2 EL *mirin*
1 EL Sake
2 EL Sojasauce
100 g gekochtes Krebsfleisch, ersatzweise *surimi,* in feine Streifen gerissen
150 g Spinat
1 Mohrrübe
Salz

Für das Omelett:
2 große Eier
2 EL Zucker
1 EL *mirin*
1/3 TL Salz
1 EL Öl

amazu-joga (süß-sauer eingelegter Ingwer)
etwas Essigwasser zum Benetzen der Hände

1. Die Shiitakepilze 30 Minuten lang in 200 ml lauwarmem Wasser einweichen.
2. Pilzwasser zum Dünsten der Pilze aufbewahren. Stiele entfernen und Pilze in dünne Streifen schneiden.
3. Das Pilzwasser zusammen mit *mirin,* Sake und Sojasauce in einen kleinen Kochtopf geben und kurz aufkochen lassen. Pilze hineingeben und auf kleiner Flamme dünsten, bis die Flüssigkeit restlos eingekocht ist. Abkühlen lassen.
4. Das Omelett wie unter *yaki-tamago* beschrieben zubereiten.
5. Das fertig eingerollte Omelett soll die gleiche Länge haben wie das Noriblatt. In der Länge ggf. etwas abschneiden. Dieses fertige Omelett der Länge nach in dünne Streifen (ca. 1 cm breit) schneiden.
6. Spinat gut waschen und in leicht gesalzenem, kochendem Wasser kurz blanchieren. Spinat mit kaltem Wasser abschrecken, gut abtropfen lassen, die Enden zusammenhalten und gut auswringen. Die Wurzeln abschneiden.
7. Mohrrübe putzen, in dünne Streifen schneiden. Etwas kochendes Wasser leicht salzen, eine Prise Zucker und die Mohrrüben darin 2 Minuten blanchieren. Kalt abschrecken und gut abtropfen lassen.
8. Die Füllungen in jeweils vier Portionen teilen.
9. Eine kleine Schale mit Essigwasser zum Benetzen der Hände bereitstellen.
10. Ein Blatt *nori* mit der blanken Seite nach unten quer auf eine Bambusmatte *(maki-zu)* legen. Die Kanten von *nori* und Bambusmatte liegen dabei auf der unteren Seite (zur Köchin/zum Koch hin) fast aufeinander. Der *nori* darf nicht über die Bambusmatte hinausragen.
11. Hände mit Essigwasser benetzen und etwa ein Viertel des Sushireis gleichmäßig über das Noriblatt verteilen, jedoch einen ca. 2 cm breiten Streifen entlang der oberen Nori-Kante freilassen, um das *futo-maki* leicht einrollen zu können.
12. Nun kommen die Füllungen. Einen ca. 2 cm breiten Reisstreifen entlang der unteren Nori-Kante (zum Koch hin) freilassen. Dahinter einen Streifen vom Omelett, ein Viertel der Pilze, ein Viertel des Spinats, der Mohrrüben und des Krebsfleisch quer über den Reis in engen Streifen verteilen.
13. Mit beiden Daumen die Bambusmatte anheben, mit den Fingern die Füllung festdrücken und die Norirolle fest einrollen. Wichtig ist, dass die Füllungen möglichst eng aneinandergereiht sind und das *futo-maki* fest eingerollt wird. Sonst sieht die Rolle beim Aufschneiden locker aus und fällt leicht auseinander.
14. Norirolle mit einem feuchten Messer halbieren und jede Hälfte in 3-4 Scheiben schneiden. Die restlichen drei Rollen anfertigen. Mit *amazu-joga* (süß-saurem Ingwer) anrichten.

Wer keine Bambusmatte zur Verfügung hat, legt sich stattdessen ein quergefaltetes Küchentuch oder ein Set zurecht und breitet darauf eine Klarsichtfolie aus. Darauf kommt der Reis. Das Einrollen mit einer Bambusmatte bedarf einiger Übung.

Te-maki-zushi

Das perfekte Sushi für eine Party. Der Gastgeber serviert den fertigen Sushireis in einer großen Schüssel und attraktiv angerichtete Zutaten für die Füllung auf einer großen Platte. Dazu *yakinori,* eingelegten Ingwer und *wasabi.* Die Gäste rollen sich ihr Sushi selbst, mit Füllung nach Wunsch. Die Norischeiben werden halbiert, gefüllt und schultütenartig gerollt. Dazu trinkt man japanisches Bier, Sake oder japanischen Tee.

6 Tassen Sushireis
ca. 16 halbierte Blätter *yaki-nori*
3 EL *wasabi* (angerührt oder aus der Tube)
Sojasauce
amazu-joga (süß-sauer eingelegter Ingwer)

Zum Füllen:
8 Garnelen
2 EL Sake
1 Prise Salz
2 Eier (für *atsu-yaki-tamago* siehe unter *futo-maki*)
200 g Thunfischfilet zum Rohessen
200 g weißes Fischfilet zum Rohessen
100 g Jakobsmuscheln zum Rohessen
100 g gekochtes Krebsfleisch oder *surimi,* in Streifen gerissen
50 g Lachsrogen (Lachskaviar)
1 reife Avocado
1/2 Salatgurke
2-3 Stängel Staudensellerie
2 Lauchzwiebeln
1 Bund Kresse
1 Zitrone
etwas Petersilie
gerösteter Sesam
amazu-joga (süß-sauer eingelegter Ingwer)

1. Den fertigen Sushireis in eine große Schüssel füllen.
2. Die ungeschälten Garnelen waschen und abtrocknen. Den dunklen Darm entfernen. Dazu die Garnelen biegen und einen Zahnstocher zwischen die einzelnen Schalensegmente einstechen und den Darm herausziehen. Er enthält viel Sand.
3. Ungeschälte Garnelen mit 2 EL Sake, einer Prise Salz und 2 EL Wasser zum Kochen bringen, Deckel auflegen und 2-3 Minuten lang dämpfen. Herausnehmen und Schale entfernen.
4. Aus zwei Eiern *atsu-yaki-tamago* (dickgerolltes Omelett) braten und in längliche Streifen schneiden.
5. Das Thunfischfilet in ca. 8 mm dicke Scheiben schneiden (*hirazukuri*-Stil). Das weiße Fischfilet schräg im *sogi-zukuri*-Stil schneiden. Die Jakobsmuscheln in zwei dünne Scheiben halbieren. Surimi in Streifen reißen.
6. Die Avocado schälen, halbieren und in jeweils ca. 8 Scheiben schneiden. Mit etwas Zitronensaft beträufeln.
7. Die Salatgurke schälen, einmal quer durchschneiden, der Länge nach halbieren, Kerne entfernen und in dünne Streifen schneiden.
8. Den Staudensellerie etwas abschälen und in fingerlange, dünne Streifen schneiden. Möglichst die zarteren, inneren Stängel verwenden.
9. Die Lauchzwiebeln in den weißen und grünen Teil trennen und jeweils in feine Ringe schneiden.
10. Kresse und Petersilie waschen und abtrocknen.
11. *wasabi* anrühren.
12. Die Zutaten für die Füllung dekorativ auf einer großen Platte anrichten.
13. Die Lauchzwiebeln und den gerösteten Sesam jeweils in einer kleinen Glasschale extra servieren. Die Norischeiben kurz im Bratofen oder Grill rösten, damit sie schön knackig sind und auf einem trockenen Teller servieren. Den eingelegten Ingwer in einem Schälchen reichen.
14. Man nimmt ein halbiertes Blatt Nori, belegt es mit Sushireis (ca. 2 EL) und streicht den Reis entweder mit einem Löffel oder mit den Fingern glatt. Die Füllungen werden, nach Geschmack, auf den Reis gelegt und das Ganze wie eine Schultüte eingerollt. Mit etwas Sesam bestreut schmeckt das *te-maki-zushi* richtig knusprig-knackig. Ein paar Tropfen Sojasauce runden den Geschmack ab. 2-3 Füllungen sind üblich, sonst wird es zu dick.

Als Füllung eignen sich auch Räucherlachs, Kaviar, *natto* (fermentierte Sojabohnen), *ume-boshi* (Salzpflaumen), *takuan* (eingelegter *daikon*-Rettich) und Bonitenflocken.

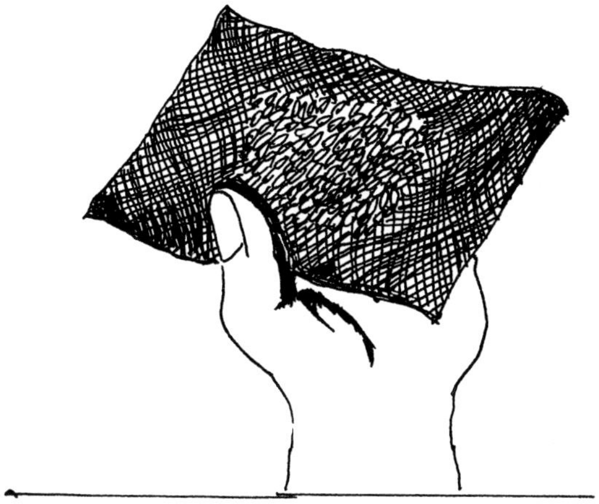

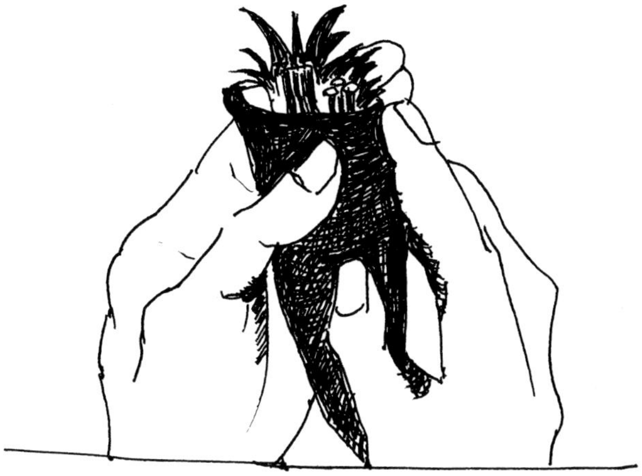

Nigiri-zushi mori-awase (Handgeformtes Sushi)

Bei der Auswahl des Fischfilets sollte man mindestens eine Sorte *akami* (rötliches Fischfleisch) und eine Sorte *shiromi* (weißes Fischfleisch) anbieten. Zusätzlich bieten Jakobsmuscheln und Calamari eine interessante geschmackliche Variante. Wie auch bei Sashimi schneidet man sich die Filets am besten zuhause selbst in feine Scheiben.

Bitte nicht verzagen, wenn das Sushi nicht gleich professionell aussieht. Die Sushi-Chefs eignen sich die Kunst in vielen Jahren harter Arbeit an. Zur Verfeinerung der eigenen Technik ist es ratsam, öfter Sushi essen zu gehen und den Sushi-Chefs ein paar Handkniffe abzugucken.

6 Tassen Sushireis
1 Blatt *yaki-nori*
2 Eier für *yaki-tamago* (dickgerolltes Omelett)
2 EL Zucker
1 EL *mirin*
1/3 TL Salz
8 Garnelen
2 EL Sake
1 Prise Salz
2 EL Wasser
insgesamt ca. 600 g Fischfiletscheiben (je nach Angebot und persönlicher Vorliebe, darunter beispielsweise je 100 g Thunfischfilet, Lachsfilet, Steinbuttfilet, Flunderfilet, Rotbarbenfilet, Kabeljaufilet, küchenfertige Jakobsmuscheln und Calamari)
2 EL *wasabi*
50 g *amazu-joga* (süß-sauer einglegter Ingwer)
Sojasauce
etwas Petersilie
einige Zitronenscheiben
eine kleine Schale mit Essigwasser

1. Noriblatt auf einem trockenen Küchenbrett einmal quer halbieren und dann in dünne Streifen schneiden. Auf einem trockenen Teller ablegen.
2. Das Omelett wie unter *yaki-tamago* beschrieben zubereiten. In dünne (ca. 1/2 cm dicke) Scheiben schneiden.
3. Die Garnelen vom dunklen Darm befreien und in Sake, Salz und Wasser ca. 2 Minuten blanchieren (siehe *te-maki-zushi*). Garnelen mit dem Messer einschneiden und wie einen Schmetterling aufklappen.
4. Fischfilets in ca. 1/2 cm dicke Scheiben schneiden. Beim Sushi wird generell im *sogi-zukuri*-Stil geschnitten (siehe Sashimi). Thunfisch ist sehr weich und lässt sich nicht so dünn schneiden wie festere weiße Fischsorten *(shiromi)*. Beim Schneiden die Filetscheiben mit einem scharfen Messer, in einem Schwung, zu sich selbst hin schneiden. Die Scheiben müssen eben und glatt sein, sonst sieht das Sushi unappetitlich aus. Wenn man dieses zur Vorbereitung als ersten Schritt tun will, richtet man die Fischscheiben auf einem sauberen Teller appetitlich an.
5. Die Jakobsmuscheln in zwei dünne Scheiben halbieren, den Calamari per *ito-zukuri* (siehe Sashimi) in dünne Fäden schneiden.
6. Zum Sushiformen alles bereitstellen: Sushireis, Fischfiletscheiben, Jakobsmuscheln usw., sowie *wasabi* und Essigwasser zum Benetzen der Hände.
7. Beide Hände leicht mit Essigwasser benetzen, damit der Sushireis nicht an den Händen klebt.
8. Mit der rechten Hand etwas Sushireis aufgreifen (ca. 1-1 1/2 EL) und mit derselben Hand zu einem schlanken Oval formen.
9. Mit der linken Hand eine Scheibe Fisch aufnehmen.
10. Während man den Sushireis in der rechten Handfläche mit drei Fingern festhält, nimmt man mit dem rechten Zeigefinger einen winzigen Tupfer *wasabi* und setzt ihn auf die Mitte der Fischscheibe (in der linken Hand).
11. Nun wird der Sushireis mit der rechten Hand vorsichtig auf den Fisch gedrückt.
12. Mit dem Daumen und Mittelfinger der rechten Hand den Fisch fest an den Reis drücken. Der Reis darf nicht unter dem Fisch hervortreten. Überschüssigen Reis vorsichtig abtrennen.
13. Sushi auf einem Teller absetzen. Beim Servieren Sojasauce, eingelegten Ingwer und *wasabi* dazu reichen.
14. So werden alle Zutaten verarbeitet. Das fertige Calamari- oder Jakobsmuschel-Sushi wird zur Dekoration zusätzlich mit einem Streifen Nori in der Mitte umwickelt. Die Garnelen werden fest auf das Sushi gepresst.

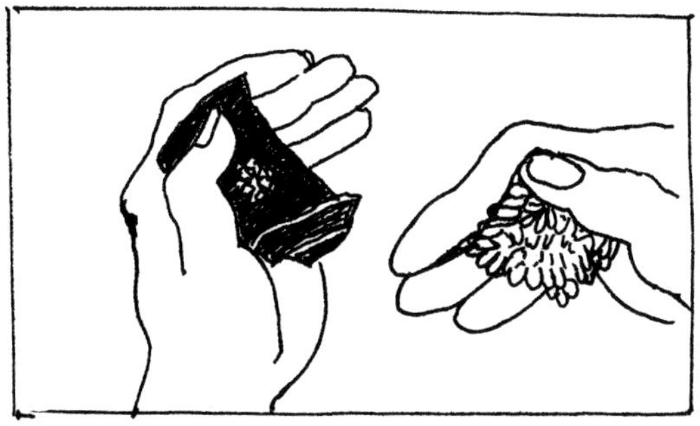

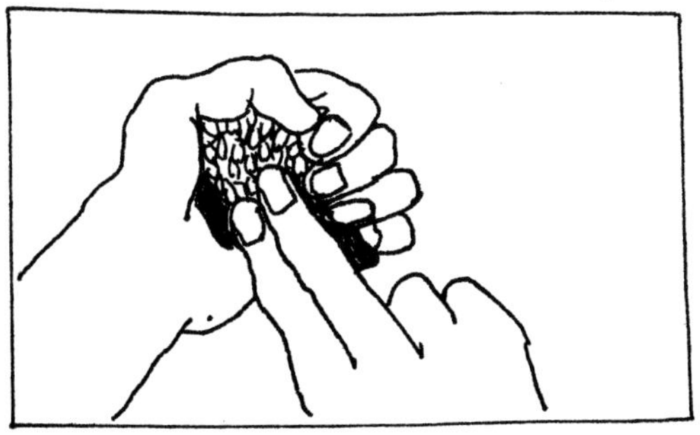

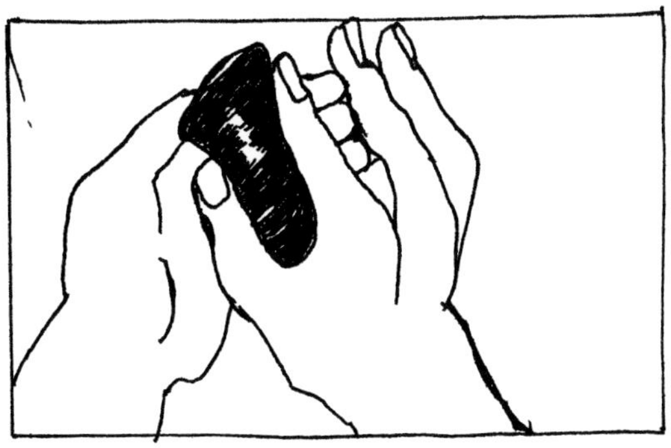

Gunkan-zushi („Kriegsschiff"-Sushi)

Gunkan-zushi ist eine Form von Nigiri-zushi. Der Sushireis wird mit einem breiten Streifen Nori umwickelt und dann mit „krümelndem" *tane* (Belag) wie *ikura* (Lachsrogen), *tobiko* (Rogen vom „Fliegenden" Fisch) oder *uni* (Seeigel) belegt. Es sieht aus wie ein kleines, belegtes Schiff. Zum Belegen eignet sich ein Teelöffel.

3 Tassen Sushireis
1-2 Blätter *yaki-nori*
wasabi, angerührt
50 g *ikura* (Lachsrogen)
100 g Lachsfilet, gehackt
das Weiße von 3 Lauchzwiebeln, fein gehackt
das Grüne von 3 Lauchzwiebeln, fein geringelt
100 g frische, kleine Jakobsmuscheln
amazu-joga (süß-sauer eingelegter Ingwer)
nach Belieben oder Erhältlichkeit eignen sich *uni* (Seeigel), *natto* (fermentierte Sojabohnen)

1. Jedes Blatt Yaki-nori in etwa 6-8 lange Streifen schneiden.
2. Das Lachsfilet und die Lauchzwiebel fein hacken und mit einem Tropfen Sojasauce zu Lachstatar vermengen.
3. Die Jakobsmuscheln je nach Größe würfeln oder halbieren.
4. Den Sushireis wie unter Nigiri-zushi zu kleinen Ovalen formen und mit *wasabi* betupfen.
5. Jedes Oval bootförmig mit einem Streifen *yaki-nori* umwickeln. Am besten geht das, wenn das Oval dabei auf einem Küchenbrett abgesetzt wird.
6. Das „Deck" nach Vorliebe jeweils mit Lachsrogen, Lachstatar oder Jakobsmuscheln belegen und mit etwas Lauchzwiebelringen garnieren. Dazu *amazu-joga* reichen.

Chirashi-zushi (Gesprenkelter Sushireis)

Chirashi-zushi ist richtiges Hausfrauen-Sushi. Chirashi wird ohne *wasabi* zubereitet, denn es ist nichts Rohes dabei. Chirashi gibt es oft beim Picknick, und bei Straßenfesten bieten es Yataibuden an. Beim Chirashi-zushi wird unterschieden zwischen Zutaten, die dem Reis untergemischt werden *(gu)* und solchen, mit denen der Sushireis garniert wird *(kazari-yo)*. Die Zutaten zum Garnieren *(chirasu)* des Chirashi-zushi symbolisieren zugleich die Jahreszeit.

6 Tassen Sushireis
5 Shiitakepilze
1 mittelgroße Mohrrübe
200 ml *dashi*
1 EL Zucker
knapp 2 EL *mirin*
knapp 1 1/2 EL Sojasauce
100 g Lotuswurzel (oder 8 Lotusringe aus der Dose)
etwas Essigwasser
3 EL Reisessig
1 knappen EL Zucker
1/4 TL Salz
10-12 Garnelen
100 ml *dashi*
1 EL Sake
1 EL *mirin*
1/2 TL Sojasauce
eine Prise Salz
6-8 Venusmuscheln (über Nacht in Salzwasser ruhen lassen)
2 EL Sake
50 g Zuckerschoten
1 Blatt *yaki-nori*

Für das dünne Omelett:
2 Eier
1 TL Zucker
1 TL Sake
1 Prise Salz

1. Shiitakepilze ca. 20 Minuten in lauwarmem Wasser einweichen. Stiele entfernen und Köpfe in dünne Streifen schneiden.
2. Mohrrübe putzen, halbieren, der Länge nach in dünne Scheiben, und diese in feine Streifen schneiden.
3. Shiitakepilze und Mohrrübe in einen Kochtopf geben. *dashi,* Zucker, *mirin* und Sojasauce zugeben, aufsetzen, Schaum abschöpfen, Deckel auflegen und auf Mittelhitze einkochen lassen, bis alle Flüssigkeit aufgesogen ist. Im Topf abkühlen lassen.
4. Die frische Lotuswurzel schälen, in dünne Ringe schneiden und in eine bereitstehende Schüssel mit Essigwasser geben. So verfärbt sie sich nicht.
5. Einen Kochtopf mit Wasser zum Kochen bringen, etwas Essig zusetzen und die Lotusringe 2-3 Minuten darin blanchieren bis sie transparent werden.
6. Während die Lotusringe blanchieren, die Marinade aus Essig, Zucker und Salz anrühren. Die blanchierten Lotusringe mit einer Schaumkelle sofort in die Marinade geben und ziehen lassen. Die Lotusringe können auch vorher zubereitet werden.
7. Garnelen vom Darm befreien und mit Schale in einen Kochtopf geben. *dashi,* Sake, *mirin* und Sojasauce zufügen und Garnelen blanchieren bis sie sich rot verfärben. Sofort vom Herd nehmen. Nicht zu lange kochen lassen, sonst werden sie zäh. Noch etwas in der Flüssigkeit ziehen lassen. Garnelen bis auf das Schwanzende auslösen.
8. Die sauberen, geputzten Venusmuscheln in einen Topf geben, Sake zugeben, Deckel auflegen und aufsetzen. Sobald sich die Muscheln geöffnet haben, vom Herd nehmen und das Muschelfleisch herauslösen.
9. Ein dünnes Omelett wie unter *yaki-tamago* beschrieben zubereiten. Das fertige Omelett in dünne Fäden schneiden.
10. Die Zuckerschoten in Salzwasser kurz blanchieren lassen und in einer bereitstehenden Schüssel mit Eiswasser abschrecken. So bewahren sie ihre schöne saftig grüne Farbe. Zuckerschoten in dünne Streifen schneiden.
11. *yaki-nori*-Blatt halbieren, in feine Streifen schneiden und auf einem trockenen Teller ablegen.
12. Die abgekühlte Shiitake-Mohrrübenmischung vorsichtig unter den Sushireis heben.
13. Garnelen, Venusmuscheln, Eierfäden und alle anderen Zutaten gleichmäßig und attraktiv über dem Reis verteilen. Zum Schluss mit Norifäden bestreuen. Die Shiitake-Mohrrübenmischung und die Lotusringe lassen sich gut vorher zubereiten und halten sich einige Tage im Kühlschrank. Das Chirashi-zushi auf keinen Fall im Kühlschrank aufbewahren, sonst wird es hart.

Inari-zushi (Tofutaschen mit Sushireis)

Inari-zushi ist sehr unkompliziert und wird aus frittierten Tofutaschen und Sushireis gefertigt. Auch hier fehlt der *wasabi.* Trotz seiner Schlichtheit ist Inari-zushi sagenumwoben. Der Legende zufolge soll der Fuchsgott (o-inari-san) sehr gerne Tofutaschen mit Sushireis essen. Zudem ist Inari-zushi auch fuchsrot *(kitsune-iro).* Gleichermaßen ist Inari-zushi bei Kindern beliebt und findet sich oft in der *bento-bako,* der japanischen Version der „Stullentasche". Die japanische *bento-bako* ist keine Tasche, sondern eine kleine Schachtel mit mehreren Fächern für Reis und andere Leckereien. Oft wird sie in ein *furoshiki,* eine Art Seidentuch, gewickelt, geknotet und getragen. Der Sushireis für Inari-zushi kann auf verschiedene Art angereichert werden, einfach mit geröstetem Sesam oder mit der feingehackten Schale einer unbehandelten Zitrone, mit der Shiitake-Mohrrübenmischung vom Chirashi-zushi, mit feingehackten, blanchierten Pilzen, mit etwas Hijiki-Seetang, die Möglichkeiten sind fast unbegrenzt. Inari-zushi eignet sich außerdem sehr gut zum Verwerten von Sushireisresten.

6 Tassen Sushireis
Shiitake-Mohrrrüben-Mischung (wie unter Chirashi-zushi beschrieben)
10-15 frittierte Tofutaschen *(abura-age)*
300 ml *dashi*
6 EL Zucker
2 EL *mirin*
6 EL Sojasauce
4 EL gerösteter Sesam
etwas eingelegter Ingwer

1. Die Tofutaschen in einer flachen Schale ausbreiten und mit kochendem Wasser von beiden Seiten begießen, um überschüssiges Öl zu entfernen. Anschließend in einem Sieb gut abtropfen lassen.
2. Die Tofutaschen auf einem Küchenbrett leicht mit einer Backrolle plattwalzen, um weiteres Wasser auszupressen und die Taschen leichter öffnen zu können.
3. Sind die Tofutaschen schon halbiert, können sie gleich gefüllt werden, ganze müssen erst in zwei Hälften geteilt werden.
4. *dashi,* Zucker, *mirin* und Sojasauce in einen Kochtopf geben, die Tofutaschen hineinlegen. Ein *otoshibuta* auflegen. Die Tofutaschen so lange dünsten, bis die Flüssigkeit fast vollständig eingekocht ist. Im Topf abkühlen lassen.
5. Die Shiitake-Mohrrüben-Mischung wie unter Chirashi-zushi zubereiten.
6. Shiitake-Mohrrübengemisch und gerösteten Sesam unter den Sushireis heben.
7. Die Tofutaschen vorsichtig öffnen (oft hilft dabei ein kleiner Holzspieß) und mit Sushireis prall füllen. An der Öffnung glatt abstreichen.
8. Mit eingelegtem Ingwer servieren.

Ebi-no Oshi-zushi (Gepresstes Sushi mit Garnelen)

Abschließend noch ein Rezept für gepresstes *oshi-zushi.* Sie brauchen eine rechteckige Plastikschale und Alufolie zum Auslegen.

6 Tassen Sushireis
6 Shiitakepilze
200 ml Wasser
2 EL Zucker
1 EL *mirin*
3 EL Sojasauce
8 Garnelen
2 EL Reisessig
2 TL Zucker
1 Prise Salz
etwas glatte Petersilie

1. Die Shiitakepilze ca. 20 Minuten in lauwarmem Wasser einweichen.
2. Stiele entfernen und die ganzen Köpfe zusammen mit dem Pilzwasser aufkochen lassen, entstehenden Schaum entfernen. Zucker und *mirin* zusetzen und 5 Minuten lang weiterkochen, zuletzt die Sojasauce zufügen und erneut den Schaum abschöpfen.
3. Flüssigkeit vollständig einkochen lassen.
4. Garnelen vom Darm befreien und ungeschält längs auf kleine Spieße stecken. In leicht gesalzenem, kochenden Wasser 2 Minuten blanchieren.
5. Garnelen auslösen, Kopf und Schwanz abtrennen, entlang der Bauchseite aufschneiden und aufklappen. Essigmarinade zubereiten und Garnelen darin ziehen lassen.
6. Eine mittelgroße, rechteckige Plastikschale mit Alufolie auslegen. Die Enden sollen reichlich über beide Seiten hinausragen.
7. Garnelen gut abtrocknen und nebeneinander in die Form legen.
Die Plastikschale bis zur halben Höhe mit Sushireis auffüllen und mit beiden Händen gut andrücken.
8. Als nächstes eine Lage Shiitakepilze darauflegen.
9. Mit Sushireis auffüllen, gleichmäßig verteilen und fest andrücken. Mit einem scharfen Messer in Scheiben schneiden.
10. Auf einen Teller stürzen und jede Scheibe Sushi mit einem kleinen Stück glatter Petersilie garnieren.

Chakin-zushi (Dünnes Omelett mit Reis)

chakin-zushi sind kleine mit Sushireis gefüllte Omeletttaschen. Es handelt sich um zwei bereits vorgestellte Rezepte, die hier kombiniert werden. Hierzu verdoppeln Sie lediglich das Rezept für dünnes Omelett (siehe *usu-yakitamago*). Zusätzlich benötigen Sie Sushireis wie unter *chirashi-zushi* beschrieben. Zum Zubinden der *chakin-zushi* Taschen eignen sich blanchierte Lauchzwiebeln oder blanchierter Spinat.

1 dünnes Omelett (doppelte Menge)
1 Portion Sushireis für *chirashi-zushi*
ca. 8 Lauchzwiebeln oder Spinatblätter
etwas eingelegter Ingwer *(amazu-joga)* zum Garnieren

1. Den *chirashi-zushi* Reis zu 8 Bällchen formen und auf einen Teller legen.
2. Lauchzwiebeln bzw. Spinatblätter kurz in Salzwasser blanchieren, abschrecken und abtropfen lassen.
3. 8 dünne Omeletts mit ca. 15 cm Durchmesser braten und abkühlen lassen.
4. Ein Omelett auf eine Handfläche legen, ein Sushibällchen darauf setzen.
5. Vorsichtig zusammenfalten und mit einem Lauchzwiebelband verschließen.
6. Den Rest ebenso fertigen und mit etwas eingelegtem Ingwer servieren.

漬け物

Tsukemono (Eingelegtes)

Der Juni ist der „Einkochmonat“ in Japan. In sämtlichen Essjournalen und Kochsendungen werden Anregungen und Anleitungen geboten. Eingelegtes (*tsukemono,* auch als *o-shinko* bekannt) spielt eine außerordentlich wichtige Rolle beim Essen in Japan und nicht selten wird täglich ein anderes *tsukemono* serviert. Reis mit *tsukemono* dient oft als kleiner Imbiss, auch im Gepäck japanischer Reisender. Es gibt so viele unterschiedliche Sorten von *tsukemono,* dass sie nicht alle angeführt werden können. *umeboshi* (Salzpflaumen), *takuan* (gelber, eingelegter Rettich), *nukazuke* (in Reiskleie) eingelegte Gemüse, *shibazuke, shoyuzuke* sind einige Beispiele. In den meisten Asienläden gibt es eine kleine Auswahl eingelegter japanischer Spezialitäten.

Zum Selbermachen sind die folgenden Rezepte geeignet.

Sudorijoga (Eingelegter Ingwer, schnelle Methode)

Frisch eingelegter Ingwer zum Sushi, aber auch zu gegrilltem Fisch und Fleisch. Wer aus zeitlichen Gründen kein *amazujoga* zubereiten kann, nimmt dieses Rezept.

200 g frischer Ingwer
100 ml Reisessig
70 g Zucker
1 TL Salz
zusätzlich 1TL Salz zum Bestreuen

1. Den Ingwer dünn abschälen. Bei neuem Ingwer ist die Haut sehr zart und lässt sich sogar mit einem Teelöffel leicht abpellen.
2. Den Ingwer in hauchdünne Scheiben schneiden, in einem flachen Sieb ausbreiten, mit Salz bestreuen und glasig werden lassen.
3. Glasigen Ingwer gut abwaschen und in einem Sieb gut abtropfen lassen.
4. Die Marinade zubereiten. Essig, Zucker und Salz gut verrühren.
5. Einen Kochtopf mit Wasser zum Kochen bringen und den Ingwer blitzschnell (einige Sekunden) blanchieren, abtropfen lassen und in die Marinade geben. Ingwer etwa eine Stunde ziehen lassen. Je länger der Ingwer zieht, desto schmackhafter ist er. Am besten ein oder zwei Tage vorher zubereiten.

Amazujoga (Eingelegter Ingwer)

500 g frischer (neuer) Ingwer
15 g Salz (etwa1 EL)
150-200 ml Reisessig
200-220 g Zucker

1. Den Ingwer, je nach Beschaffenheit, einige Male durchbrechen, damit er sich leichter schälen lässt.
2. Ingwer dünn abschälen und anschließend in hauchdünne Scheiben schneiden.
3. Den Ingwer mit Salz bestreuen und etwa eine Stunde ziehen lassen.
4. Essig und Zucker in einem beschichteten Kochtopf (oder Emailletopf) aufkochen. Zwischenzeitlich den Ingwer gut auswringen, in den Essig geben und darin abkühlen lassen.
5. Ein sterilisiertes, trockenes Einmachglas bereitstellen und den abgekühlten Ingwer samt Essigmarinade ins Glas füllen. Gut verschließen und im Kühlschrank aufbewahren. Der eingelegte Ingwer muss mindestens eine Woche ziehen und hält sich im Kühlschrank bis zu einem Jahr. Der Ingwer verfärbt sich im Laufe der Zeit rosa.

Su-basu (Eingelegte Lotuswurzel)

Eingelegte Lotuswurzel sieht attraktiv aus, ist knackig und eignet sich für Chirashi-zushi, aber auch als Beilage *(ashirai)* zu gegrilltem Fisch oder Fleisch. Als Beilage zu Fisch oder Fleisch kann der Lotuswurzel Chilipfeffer beigegeben werden.

100 g Lotuswurzel (oder 8 Lotusringe aus der Dose)
etwas Essigwasser
3 EL Reisessig
1 knapper EL Zucker
1/4 TL Salz

1. Die frische Lotuswurzel schälen, in dünne Ringe schneiden und in eine bereitstehende Schüssel mit Essigwasser geben, damit sie sich nicht verfärbt.
2. Einen Kochtopf mit Wasser zum Kochen bringen, etwas Essig zugeben und die Lotusringe 2-3 Minuten darin blanchieren, bis sie transparent werden.
3. Während die Lotusringe blanchieren, die Marinade aus Essig, Zucker und Salz anrühren. Die blanchierten Lotusringe mit einer Schaumkelle sofort in die Marinade geben und ziehen lassen. Die Lotusringe können vorher zubereitet werden.

Tipp:
Der Marinade etwas gemahlenen Chilipfeffer oder eine gehackte, entkernte rote Pfefferschote beifügen, wenn die Lotuswurzel als Beilage *(ashirai)* zu Fisch oder Fleisch gereicht wird.

Eingelegte, gegrillte Lauchzwiebeln

Beilage *(ashirai)* zu gegrilltem Fleisch oder Fisch.

10 Lauchzwiebeln, nur das Weiße
70 ml Reisessig (ersatzweise weißer Essig)
2 EL Zucker
1/4 TL Sojasauce
3 EL *dashi*
etwas rote Pfefferschote, in kleine Ringe geschnitten (nach Belieben)

1. Essig mit Zucker, Salz und *dashi* vermischen, rote Pfefferschote dazugeben und beiseite stellen.
2. Die Lauchzwiebeln kurz grillen, bis sie etwas angebräunt sind. Sofort in die Marinade geben und kurz ziehen lassen.

Hakusai-no-shio-momi (Mit Salz angemachter Chinakohl)

Mit Salz angemachter Chinakohl eignet sich für viele Speisen, ist schnell zubereitet und rundet das Essen ab.

1/2 Chinakohl
Schale einer unbehandelten Zitronenhälfte
2-3 rote Chilipfefferschoten
1 TL Salz

1. Die einzelnen Blätter vom Chinakohl ablösen, waschen, abtropfen lassen und in dünne Streifen schneiden.
2. Die unbehandelte Schale der halben Zitrone in feine Streifen schneiden.
3. Die Pfefferschoten entkernen.
4. Chinakohl und Zitronenschale in eine Schüssel geben, mit Salz bestreuen, Pfefferschoten zugeben und gut durchkneten.
5. Mit Plastikfolie bedecken und ein leichtes Gewicht darauflegen. 2-3 Stunden ziehen lassen.
6. Den glasig gewordenen Chinakohl auswringen und hügelförmig in vier kleinen Schalen anrichten.

Gegrillte Paprikaschote in Sake und Sojasauce

1 kleinere grüne Paprikaschote
1 EL Sake
1 EL Sojasauce

1. Paprikaschote in dickere Streifen schneiden und entweder grillen oder in etwas Öl anbraten.
2. Anschließend kurz in Sake-Sojasaucenmischung tunken und zu Gegrilltem reichen.

Japanischer Tee

お茶

Für Teeliebhaber ist Japan das richtige Land. Fast jede Gelegenheit ist Anlass genug für ein Tässchen. Die Höflichkeit gebietet, einem Gast oder Kunden eine Kleinigkeit anzubieten. Ursprünglich wurde Tee aus China eingeführt und diente hauptsächlich medizinischen Zwecken. Später schätzten Zenmönche seine erquickende Wirkung während der Meditation. So richtig entfaltete sich das Teetrinken während der Muromachi-Zeit. Japanischer Tee, *o-cha* genannt, zeichnet sich im Allgemeinen durch seine grüne Farbe aus. Anders als schwarze Tees, wird japanischer grüner Tee nicht fermentiert, sondern nur getrocknet. Es gibt aber auch bräunliche Tees, geröstete, preiswertere Sorten, die hauptsächlich als „Gebrauchstees“ getrunken werden. Ähnlich wie bei Kaffee oder schwarzem Tee, gibt es auch bei japanischem Tee verschiedene Sorten und Güteklassen. Ausschlaggebend bei der Zubereitung japanischen Tees ist die Temperatur des Wassers. Die Spitzentees werden nicht mit kochend heißem Wasser überbrüht, sondern mit lauwarmem Wasser aufgegossen. Die Königin unter den Tees ist sogenannter Gyokuro Tee. Die Gyokuro-Blätter sind die ersten, die gepflückt werden. Sie sind so saftig grün, aromatisch und „knusprig“, dass man am liebsten hineinbeißen möchte. Die Teeblätter sehen fast aus wie kleine Stängel, so eng haben sie sich durch den Trockenprozess eingerollt. Gyokuro Tee wird zu besonderen Gelegenheiten, wie etwa einer Nachmittagseinladung unter Teefreunden, getrunken. Sencha ist der repräsentative grüne Tee mit verschiedenen Güteklassen. Auch er wird nicht kochend aufgebrüht. Für *gyokuro* und *sen-cha* werden oft ganz besonders kleine Teekannen benutzt, die als *kyusu* bekannt sind. Als Gebrauchstee nach Mahlzeiten oder im Restaurant dient *ban-cha.* Bancha-Blätter könnte man fast als Lückenbüßer oder Mauerblümchen bezeichnen, denn sie werden erst nach den Sencha-Blättern eingesammelt. Als Variante gibt es gerösteten *sen-cha,* der *hoji-cha* genannt wird und *gen-mai-cha,* Tee mit geröstetem braunen Reis. Diese „minderen“ Tees werden gewöhnlich in größeren Teekannen *(dobin)* gebrüht.

Die Teezeremonie verlangt einen speziellen Tee, *ma-cha* genannt. Zu Macha werden ausschließlich Gyokuroblätter verwendet, die dann zu Pulver verarbeitet werden. Macha wird mit heißem Wasser und besonderen Utensilien „geschlagen“, so dass er schäumt.

Egal welche Sorte, japanischer Tee wird stets pur, also ohne Milch, Zucker oder Zitrone getrunken! Es wird nur soviel Wasser aufgefüllt, wie tatsächlich getrunken wird. Die Teekanne wird bis zum letzten Tropfen geleert und unter Umständen wird dann ein zweiter Aufguss bereitet. Japanischer Tee, der in der Teekanne zieht, wird sehr bitter. Zu besseren Tees wird meist etwas Süßes gereicht. Japanische Süßigkeiten *(wa-gashi)* ergänzen den eher herben, leicht bitteren Geschmack japanischen Tees. Überraschend gut passt aber auch feines Marzipan, ohne Schokoladenüberzug, zum Tee.

Gyokuro-Tee für zwei Personen

1. Das kochende Wasser lässt man auf 60-65 °C abkühlen.
2. In eine kleine Teekanne gibt man zwei gehäufte Teelöffel Tee und gießt mit ca. 120 ml abgekühltem Wasser auf und lässt ihn eine Minute lang ziehen.
3. Man schenkt abwechselnd schlückchenweise in jede Teetasse ein, damit beide gleich stark aromatisch sind. Es wird bis auf den letzten Tropfen eingegossen.
4. Die Blätter kann man dann noch einmal zum zweiten Aufguss verwenden, obwohl der Geschmack natürlich etwas vermindert ist.

Sencha für zwei Personen

Bei Sencha verfährt man wie bei Gyokuro. Allerdings ist das Teewasser wärmer, ca. 80 °C. Für die teuren Tees gibt es ganz besonders kleine Teekannen, *kyusu* genannt.

Bancha für zwei Personen

Man nimmt einen gut gehäuften Teelöffel Bancha, brüht ihn mit kochendem Wasser auf und gießt ihn sofort ein.

Sake

酒

Sake in seiner heutigen Form ist etwa seit dem frühen 17. Jahrhundert, dem Beginn der Edo-Zeit (Tokugawa Shogunat) bekannt. Genaue Verordnungen regelten, wem die Sakeherstellung zugesprochen wurde. Ursprünglich erhielt Sake Bedeutung durch rituelle Zwecke im Shinto und entsprechend wurden zeremonielle Anlässe wie beispielsweise Hochzeiten oder Festlichkeiten von Hof oder Regierung immer mit Sake besiegelt. Später in der Edozeit enstanden im weltlichen Bereich Trinkfeiern und Gelage, bei denen Sake mit Sashimi gereicht und von schöner Hand eingeschenkt wurde. So wurde Sake allmählich mit dem sinnlichen Leben verbunden.

Zur japanischen Trinkgewohnheit gehört immer ein kleiner Imbiss, *o-tsumami* oder *sakana,* genannt. Viele Leute schwören dabei auf Sashimi, oft zeichnet sich *o-tsumami* durch außergewöhnliche Zubereitungsart oder besondere Delikatesse aus. Die Tradition des „Gelage“ bleibt erhalten und dient dazu, sich gesellschaftlich auferlegter Zwänge für einige Stunden zu entledigen. Wenn Untergebene mit Vorgesetzten trinken gehen, werden die Normen des Tages abgestreift und für den Moment beiseite gestellt. Man kann sich beiderseits gehen lassen, ohne dafür am nächsten Tag zur Rechenschaft gezogen zu werden. Durch die Jahrhunderte entstanden verschiedene Zubereitungsarten des Sake wie *nigori-zake* (trüber Sake) und *kiyo-zake* (klarer Sake). Heute wird meistens *kiyo-zake* gereicht. Ähnlich wie bei Wein, erstreckt sich auch bei Sake die Geschmacksrichtung von sehr trocken bis sehr süß. Einheimische japanische Tabellen ranken Sake von +15, gleichbedeutend mit äußerst herb bis -15 extrem süß. 0 kennzeichnet die Geschmacksrichtung leicht herb. Sake wird heute aus Reis und Wasser hergestellt, fermentiert einige Monate lang in Holzfässern, bevor er in Flaschen abgefüllt wird. Vor dem Abfüllen wird er kurz erhitzt, um den Gärprozess zu unterbrechen. Sake enthält durchschnittlich einen Alkoholanteil von mindestens 13% und wird in verschiedenen Güteklassen angepriesen, die meist auf dem Flaschenetikett verzeichnet sind. Erhältlich ist er in Gläserportionen und diversen Flaschengrößen. Traditionell wird Sake warm getrunken. Man reicht ihn in einer kleinen irdenen Flasche, *tokkuri* genannt, und trinkt ihn aus kleinen Schalen, die *sakazuki* oder *ochoko* genannt werden. Normalerweise schenkt der Gastgeber jedem Gast einzeln ein, der Gast revanchiert sich darauf und füllt das Trinkgefäß des Gastgebers. Bei größeren Einladungen schenken sich die nebeneinandersitzenden Gäste gegenseitig ein. Es gilt als unhöflich sich selbst einzuschenken. Natürlich gab Sake Anstoß zu vielen Sprichworten, eines der bekanntesten lautet wohl: *„Sake wa hyaku yaku no cho“* (Sake ist die beste Medizin). Neben Sake ist seit der Edo-Zeit auch Shochu ein beliebtes alkoholisches Getränk. Shochu ist eine Art Branntwein, aus Reis oder Kartoffel gewonnen, mit sehr hohem Alkoholanteil zwischen 25-40%.

Sake auf japanische Art

Sake in eine kleine Milchkanne einfüllen oder in ein eigens dafür erworbenes Sakefläschchen *(tokkuri, o-choshi)* und im Wasserbad aufwärmen. In kleine Trinkschalen *(sakazuki, o-choko)* oder kleine Tassen füllen.

Sake „on the rocks“

Eiswürfel in ein langes Glas geben und mit Sake auffüllen. Nach Belieben einen Spritzer Zitrone oder Limone zugeben und mit einem Zitronen- oder Limonenviertel garnieren.

Anhang

Tabelle zur chronologischen Übersicht

Jomon-Zeit	ca. 8000-300 v. Chr.
Yayoi-Zeit	ca. 300 v. Chr. - 300 n. Chr.
Kofun-Zeit	ca. 300-552
Zeitalter der Reform	
(Taika-Zeit)	552-710
Nara-Zeit	710-794
Heian-Zeit	794-1185
Kamakura-Zeit	1185-1333
Kemmu Restauration	1333-1336
Muromachi-Zeit	1336-1573
Zeitalter der Vereinigung	1568-1600
Tokugawa (Edo)-Zeit	1600-1867
Meiji-Zeit	1868-1911
Taisho-Zeit	1912-1925
Showa-Zeit	1926-1989
Heisei-Zeit	1990-

Aussprache und Lautumschrift

Japanische Begriffe werden mittels der sogenannten *romaji,* der lateinischen Ausgangsschrift, übertragen. Genaue Richtlinien sind vom Japanischen Erziehungsministerium festgelegt. Verallgemeinert gilt, dass sich Konsonanten an die englische Aussprache anlehnen, Vokale ähneln dagegen dem Deutschen.

Konsonanten

Aussprache und Schreibweise der Konsonanten basieren auf dem Englischen:
'w' wird [w] ausgesprochen. Beispiel: [watch]; *wakame* (Seetang) [wakame] etwa: 'uakame'
'z' wird stimmhaft wie das deutsche 's' in 'Seife' ausgesprochen. Beispiel: *zabuton* (Sitzkissen)
'sch' wird 'sh' geschrieben wie im Englischen. Beispiel: *shoga,* Ingwer
'ch' wird wie 'ch' im engl.: 'church' (Kirche) ausgesprochen, also etwa 'tsch'
'j' wird etwa 'dj' ausgesprochen wie in Pyjama
'hy' wie in „hyakku" wird 'hj', etwa 'hjakku ausgesprochen.

Vokale

Die Vokale ähneln den deutschen. Allerdings wird 'e', eher wie 'e' in Wetter ausgesprochen und nicht wie 'e' in 'sehen'.
Der Diphthong 'ei' wird wie im engl. 'May' (Mai) ausgesprochen, nicht 'ai'.
Auf Längezeichen über Vokalen habe ich verzichtet.

Japanische Namen

Bei japanischen Namen folgt der Rufname dem Familiennamen. Yamamoto Ichiro bedeutet also Ichiro „der" Yamamoto Familie.

Japanisch-Deutsches Sprachregister

A

abura	Öl
aemono	blanchiertes, angemachtes Gemüse
agemono	Frittiertes
aji	Geschmack
akami	Fisch mit rötlichem Fleisch, z.B. Thunfisch, Bonite, Lachs
aku	Schaum oder Unreinheiten
aku o hiku	Abschäumen
ama-ebi	Garnelenart, wird roh als Sashimi oder Sushi gegessen
amaterasu	mythologische Sonnengöttin
ara-hito-gami	Lebender Gott
ashirai	Gemüsebeilage zum Sashimi oder Sushi und Gegrilltem
atsu-yakitamago	dickgerolltes Omelett
awa	Hirseart
awabi	Seeohr, Abalone

B

bonenkai	feucht-fröhliche Feier zum Abschied des Jahres
botan	Wildschwein
bunraku	japanisches Puppenspiel
bunmei-kaika	Zivilisation und Aufklärung
bushi	Samurai; japanischer adliger Krieger; Angehöriger der herrschenden Klasse in der Feudalzeit
butsuku	Buddhistische Opfergabe
byobu	Stellwand

C

chado	Teezeremonie
chanoyu	Teezeremonie
chawan	Reisschale
chinmi	Seltene, ausgefallene Spezialität
chonin	Bürgertum in der Tokugawa-Zeit
chu	Treue

D

dai-dai	Zitrusfrucht
daikon	Rettich
daikon-oroshi	geriebener Rettich
daimyo	Feudalherr
dashi	aus *konbu* oder *konbu* und Bonitenflocken gewonnene Brühe
denshobato	Brieftaube; ein Ehemann, der alles Geld zu Hause abliefert
dshingis khan	ein Gericht mit Lamm
dosan, doho	vor Ort angebaut, nach Art des Ortes

E

edomae-zushi	*nigiri-zushi;* handgeformtes Sushi

F

fugu	Kugelfisch, dessen giftige Innereien entfernt werden müssen; eine Spezialität
fuguya-san	ein Restaurant, das sich auf *fugu*, Kugelfisch spezialisiert
fukuro no aji	Geschmack „wie bei Muttern“
furikake	Gewürzmischung mit *nori*-Seetang und Bonitenflocken, die über Reis gestreut wird
fusuma	Schiebetür aus dickem gemusterten Papier

G

gantan	der erste Neujahrstag
genkan	Eingangsbereich einer Wohnung oder eines Hauses
giri-ninjo	Pflicht und Emotionen (Anteilnahme), Konzept des Verhaltens
gobo	japanisches Wurzelgemüse
gochisosama deshita	„Es hat vorzüglich geschmeckt“, Redewendung, mit der man sich beim Gastgeber nach dem Essen bedankt
gohan	gekochter Reis; Essen
goma	Sesam
guratan	„au gratin“
gyunabe	sukiyaki; ein deftiges, fondueartiges Essen mit Rindfleisch und Sojasauce

H

haiku	Gedichtform mit 17 Silben
hashi	Essstäbchen
hatsumode	der erste Tempel- oder Schreinbesuch im Neuen Jahr
hatsu-sun	Begriff der *kaiseki-ryori* küche
hie	Hirseart
hijiki	schwarze Seetangart
hikarimono	Fische die silbrig schimmern, wie Makrele, Sardine und Hering
hiya-yakko	kaltes Tofu mit verschiedenen Gewürzen
honne	dass was man wirklich denkt und fühlt
hozonshoku	Dauerkonserven, Haltbargemachtes
hyakuen teishu	ein Ehemann, der ¥100 Taschengeld erhält (humorvoller Begriff)
hyakumangoku matsuri	Festival in Kanazawa, Ishikawa-ken

I

ichiju-sansai	eine Grundform der Menüfolge
ikebana	das Blumenstecken
ise-ebi	Langusten
itadakimasu	Redewendung zu Beginn einer Mahlzeit
izakaya	„Sake“stube

J

jaga — Kartoffel
jubako — Behälter für das Neujahrsessen *(osechi-ryori)*

K

kabayaki — Art des Grillens, besonders für Aal
kabuki — Theaterform
kaiseki — besondere Art der fleischlosen Küche
kaiso-sarada — Algensalat
kana — japanische Lautschrift
kani — Krebs
kanji — chinesische Schriftzeichen
kanpai — Prost!
Kansai-aji — Kansai-Art des Kochens (Westjapan)
Kanto-aji — Kanto-Art des Kochens (Ostjapan)
karami — scharfe Würzen beim Sashimi, z.B. *karashi* (Senf), *wasabi* (Meerrettich), *shoga* (Ingwer)
karashi — japanischer Senf
katei-ryori — Kochen nach Hausfrauenart
katsuobushi — Bonitenflocken, Bestandteil einer *dashi*-Sorte
kayu — „Reisschleim"
kazunoko — Heringsrogen
ken — eine der Beilagen zu Sashimi
kidaore — sich über Kleidung zu Grunde richten
kire — Scheibe
kohaku namasu — Rettich und Mohrrübengericht zu Neujahr
koicha — eine Art des Teetrinkens in der Teezeremonie
kokusaika — Globalisierung
kome — ungekochter Reis
konbini — spätgeöffneter Eckladen
konbu — Seetang zur *dashi* Zubereitung
konomono — Eingelegtes; Begriff im *kaiseki* Essen
koshihikari — begehrte Reissorte
kosuimono — Gang des *kaiseki* Essens
kotatsu — niedriger Tisch mit Heizelement
kozan-yasai — japanische Gebirgsgemüse
kusaya — Fisch mit sehr charakteristischem Aroma
kuromame — schwarze Bohnen, Teil des Neujahrsmenüs
kuidaore — sich in den Bankrott (fr)essen
kyuri — Gurke

M

matsutake, mattake — begehrter Pilz, Delikatesse
mentaiko — scharf gewürzter Rogen des tara, eine Kabeljauart
mikan — Mandarine
mike — Shinto Opfergabe
mirin — süßer Reiswein zum Kochen
miso — sehr salzige, fermentierte Sojabohnenpaste zum Würzen
miso-shiru — Misosuppe
mochi — Reiskloß aus *mochi-gome*, „klebrigem" Reismehl
momiji (niku) — Reh
mugi — Gerste
mushimono — Gedämpftes
mukozuke — Sashimi, Begriff der *kaiseki*-Küche

N

nabemono — am Tisch zubereitete, fondueartige Gerichte
natto — fermentierte Sojabohnen; zieht Fäden, charakteristischer Geschmack
nengajo — Neujahrskarte
niboshi — getrocknete Sardinen; zur *dashi* Bereitung
nimono — Eintopfartiges
nippon, nihon — Japan
nizakana — gekochter Fisch
Noh — Theaterform
nori — getrocknete, knusprige Seetangart; zum Einwickeln von Sushi und *onigiri*

O

oden — entfernt fondueartiges Gericht
okazu — Gericht, Speise
okawari — Nachreichen
okonomi-yaki — belegter, gegrillter Pfannkuchen
osechi — Neujahrsspezialitäten
oshaku — gegenseitiges Einschenken von Sake
oshogatsu — Neujahr
osomatsu desu — Antwort der Gastgeber auf „gochisosama",
otoshi-buta — charakteristischer Deckel zum Kochen von Eintopfartigem *(nimono)*, der direkt auf die Zutaten gelegt wird.
otsumami — Kleinigkeit zum Knabbern, besonders zum Sake
ozoni — eine Suppe, die als Bestandteil der Neujahrsküche gilt

P

pabu — Pub, Kneipe

R

ramen	chinesische Nudeln; Nudeln auf chinesische Art
reba-sashi	Leber Sashimi, rohe Leber
renkon	Lotuswurzel
ryokan	japanische traditionelle Pension

S

sakana	1) Fisch; 2) Imbiss zum Sake
Sake	Reiswein
sanuki-udon	berühmte Weizennudeln aus Shikoku
sanshin	Begriff in der Küchentechnik
sansho	japanischer Pfeffer
sasanishiki	sehr gute Reissorte
Sashimi	roher Fisch und Meeresfrüchte
shiitake	aromatische, dunkelbraune Pilze, frisch oder getrocknet
shinsen	Shinto Opfergabe
shinsen ryori	besondere Art der Küche, fleischlos
shiokara	in Salz eingelegter Calamari
shiromi	weißfleischiger Fisch, z. B Scholle
shiru	Suppe, Brühe
shirumono	Suppen, Brühe
shizakana	Gang bei *kaiseki-ryori*
shoga	Ingwer
shokuji	Mahlzeit mit Reis als Mittelpunkt
shoyu	Sojasauce
shunkan reito	blitzschnelles Einfrieren
shun no mono	Zutaten der Saison, wichtiges Thema in der japanischen Küche
shushoku	Gerichte, die zu Sake gereicht werden; Sake im Mittelpunkt
soba	Buchweizennudeln
su	Reisessig
suimono	klare Suppe
su-no-mono	mit Essig Angemachtes
suppon	Schildkrötenspezialität
sushi	(roher) Fisch und Meeresfrüchte auf süß-sauer gewürztem Reis

T

tabe-awase	Kombination von unverträglichen Nahrungsmitteln
tai	vielgepriesener, weißfleischiger Fisch, Seebrasse
takenoko	Bambussprossen
tarako	Rogen vom *tara,* eine Kabeljauart
tatami	Matten auf dem Fußboden
tazukuri	kleine Fische, Neujahrsessen
teishoku	Mittagsgedeck
tempura	Frittiertes Gericht
tobiko	Rogen vom Fliegenden Fisch
tofu	Sojabohnenquark
tofuya-san	Tofuhersteller
togarashi	scharfe Pfefferschote
tonyu	Sojamilch
toro	das fette Bauchfleisch vom Thunfisch; Delikatesse
toshikoshi soba	Nudelgericht zum Jahresende
tsukemono	Eingelegtes; unerlässlich zu jeder Mahlzeit
tsukuda-ni	auf Tsukuda-Art eingekocht; (mit Sojasauce und Zucker)
tsukudashi	Happen zum Sake
tsuma	eine der Beilagen zum Sashimi

U

udon	dicke Weizennudeln aus Shikoku
umeboshi	Salzpflaumen
unagi	Aal
usu-yakitamago	dünnes Omelett

W

wakame	Seetangart; klassisch zu *su-no-mono* oder in Misosuppe
wanmori	Gefäß zum Anrichten von *nimono* (besonders in *kaiseki*)
waribashi	Wegwerfstäbchen
wasabi	scharfer, grüner, japanischer Meerrettich

Y

yakimono	Gegrilltes und Gebratenes
yakitamago	japanisches Omelett
yakitoriya	japanisches Grillrestaurant
yakizakana	gegrillter Fisch
yamakujira	Bergwal, Umschreibung von Wildschweinfleisch
yosenabe	fondueartiges Gericht mit Fisch
yu	heißes Wasser; Tee
yudemono	Blanchiertes
yuto	Brühe; Gang in der *kaiseki*-Küche
yuzu	angenehm aromatische, kleine Zitrusfrucht

Z

zabuton	Sitzkissen
zashiki	Raum mit Tatamimatten und Sitzkissen

Biographische Notizen

Kim Fukei

In Berlin geboren (1959) und aufgewachsen. Gymnasialabschluss. Studium „East Asian Studies" (Ostasiatische Studien) mit Schwerpunkt Sinologie in Toronto, Kanada. Doppelstudium Japanologie und Sprachwissenschaft SOAS, University of London, England. Praktikum an einer japanischen Zeitung in Japan. Sprachlehrerin und freiberufliche Übersetzerin, Mutter von zwei Kindern, außerdem Ehefrau, vor allem aber Köchin, Sammlerin von Koch- und Wörterbüchern, vergilbt und neu, in diversen Sprachen.

Für mich ergab sich der Einstieg und Weg ins Japanische über die japanische Kunst des Kochens. Diese Faszination hält mich seit fast zwanzig Jahren im Bann. All das begann mit einem langjährigen Japanaufenthalt, dem zahlreiche andere folgten, und schließlich zur Hochzeit mit einem „Beau" des Landes führte. Vom ersten Tage meines Aufenthaltes in Japan an, begeisterte mich der Augenschmaus auf den vielen kleinen Tellern und Schälchen. Als Austauschstudentin zu Gast bei einer japanischen Familie, fand die Gastmutter heraus, dass der Mann in meinem Leben auch Japaner sei, und wir zu heiraten beabsichtigten. Da stand fest, dass ich gewissenhaft in die Geheimnisse der japanischen Küche eingeweiht werden müsse. So nahm sie mich unter ihre kulinarischen Fittiche. Mir wurde eindringlich ans Herz gelegt, dass aller neumodischen ethnischen und westlichen Küche zum Trotz ein japanischer Ehemann auf sein *wa-shoku* (japanische Küche) nicht verzichten könne und würde. Das stimmt! Ferner müsse ich mit dem *fukuro-no-aji* (frei übersetzt: Geschmack „wie bei Muttern") konkurieren. Die Ehe hinge zu einem nicht unbeträchtlichen Grade davon ab, wie gut ich des japanischen Kochens Meister würde. Ich selbst glaube innig, dass Essen einen sehr wichtigen Bestandteil der Kommunikation darstellt und einen beträchtlichen Beitrag zur Harmonie in zwischenmenschlicher Beziehung liefert.

Yoshiji Fukei

1946 in Sakaide, Kagawa, auf der Insel Shikoku geboren. Aufgewachsen in einer Familie, die traditionelle japanische Künste ebenso schätzt wie eine zeitgemäße Ausbildung. Seit dem siebten Lebensjahr bis in die Studienjahre Privatunterweisung in *shodo,* japanischer Kalligraphie, unter Kuwamiya Shihan. Gewann den Gouverneurspreis *(chijisho)* von Kagawa in Tuschmalerei. Auf Beschluss der Eltern Wirtschaftsstudium an der Meiji Universität. Einige Semester Deutsch als Nebenfach. Berufslaufbahn bei JAL (Japan Airlines). Kündigt erfolgreiche Laufbahn bei JAL, um in Amerika Kunst zu studieren. Chinesische Art der Tuschmalerei unter der bekannten Künstlerin J. Lee. Freischaffender Künstler und Privatlehrer für *shodo,* Kalligraphie. Bevorzugte Projekte: zeitgenössische, modern ausgeführte *byobu* (Stellwände) mit traditionellen Motiven, Arbeiten mit *shoji* (Schiebetüren aus Japanpapier), angewandt in der Innendekoration. Sammler japanischer *hanga,* Holzschnitte.

Rezeptregister

Abbildungsregister

Abbildungsnachweis

Titelseite © Hero Schiefer

Seite 11 © Hero Schiefer

Seite 15 © H+Z / Ralf Adler

Seite 17 © Hauke Dressler / LOOK

Seite 24 © Hero Schiefer

Seite 28 © H+Z / Ralf Adler

Seite 51 © Hero Schiefer

Seite 62 © Hero Schiefer

Seite 69 © H+Z / Kristian Cabanis

Seite 73 © H+Z / Ralf Adler

Seite 77 © H+Z / Ralf Adler

Seite 85 © Bilderberg / Milan Horacek

Seite 88 © H+Z / Vera Isler

Seite 93 © Bilderberg / Eberhard Grames

Seite 99 © Hauke Dressler / LOOK

Seite 103 © H+Z / Heimo Lamm

Seite 106 © Hero Schiefer

Seite 110 © Bilderberg / Milan Horacek

Seite 125 © Hauke Dressler / LOOK

Seite 128 © Bilderberg / Milan Horacek